16万人の脳画像を見てきた
脳医学者が教える究極の子育て

『賢い子』は図鑑で育てる

東北大学加齢医学研究所 教授
瀧 靖之
Yasuyuki Taki

講談社

★はじめに

親ならば誰もが願う、わが子の幸せ。

未来のわが子の幸せな姿を、あなたはどこまで描けていますか。


「テストで上位の成績をとってほしい」

「いい大学に進学してほしい」

というわが子への願いも、真意は成績の良《よ》し悪《あ》しや学歴だけにこだわっているわけではないでしょう。

幸せな人生を送るために、それがいちばんの近道だと考えるからですね。

本当は、親御さんだって、いい成績でいい大学を卒業して大きな会社に入ったら、その先どんな幸せな人生が送れるのか、具体的には説明できないのではないでしょうか。


特に私たちは今、大きな時代の転換期にいると言われています。

知識や情報、技術が加速度的に進展し、その未来は予測不能です。第4次産業革命により人工知能が登場し、インターネットが身近な生活を急激に変化させています。地域や人種を超えたつながりも活性化し、多様性が叫ばれています。

そんなスピードアップした時代において、平均寿命もさらに延びて、「人生100年時代」が到来すると言われています。

自分の子どもは、100年もの長い人生をどう生きていくのか。

6歳になる一人息子を育てながら、私も日々考えています。

幸せの形は人によって異なります。幼いうちは好きなことを見つけて、それができていれば幸せかもしれない。でも、それは期間限定のこと。

辛《つら》い思いをしないようにと、親が見守ってあげるとしたら？

本当に自分が好きなことを見つけられるでしょうか。

本当に自分が好きなことを見つけて、夢をもち、その夢のための努力を惜しまない、そんな生き方をしてやっと、**100年もの長い時間を幸せに過ごせる**のではないでしょうか。

夢を見つけて、かなえること。

なにが好きで、なにを幸せと思うのかは人によって異なりますが、どんな夢でもかなえられたら必ず誰もが幸せになれます。

そしてその、**夢をかなえる力が「賢さ」**だと私は考えます。

だから子育ては、いつか本人が夢をもったときに、自立して、それをかなえられる力をつけてあげられたら大成功ではないでしょうか。

本書はそんな、「賢い子」「賢い脳」を育てることを目的としています。

幸せという漠然としたものをつかむために、科学的に育児、育脳の戦略を練るのです。

私は、脳を三次元で映し出すMRI画像データの解析を長年続けてきました。

私が所属する東北大学加齢医学研究所には、5歳の幼児から80歳を超える高齢の方までのMRIデータが蓄積されており、そのデータ数は16万を超えます。

その莫大《ばくだい》なデータの中から、認知症をはじめとした、さまざまな病気や生活習慣と脳との関係を明らかにしていくのが、私たちの仕事です。

そして最近は、**膨大なデータ解析の結果、人間の脳が「賢さ」をどのように築き上げ、維持するのかが少しずつ明らかになってきました。**

本書では、その数値や脳画像を詳しく説明する方法はとりません。ただ、その内容は膨大な画像解析からわかった、科学的に「賢い脳」を育てる実践書です。

そして、さまざまなデータ解析から導いた、その育脳方法こそが本書のタイトルにもなっている『図鑑』の活用です。

これほどに脳の機能を高めてくれるツールは、ほかにはありません。

私が『図鑑』について語り出すと、もう止まりません。

それほどまでに、**『図鑑』の力はすばらしい**のです。

家族みんなが『図鑑』で幸せになれる！

それを知ってもらいたくて、本書にまとめました。


子育て中のお母さん、お父さんだけでなく、おじいさん、おばあさんも、ぜひ、本書の『図鑑で子育て』を実践してみてください。

身体《からだ》も脳も元気になります。子育てをしているつもりが、孫を育てているつもりが、自分の脳も育てられます。

お子さんだけでなく、ご家族みんなで人生１００年時代を幸せに生きましょう！


脳はいつだって成長を続けています。

はじめるのに遅いということはありません。

さあ、『図鑑』で「賢い脳」を育てましょう。

『賢い子』は図鑑で育てる　目次

5

はじめての図鑑

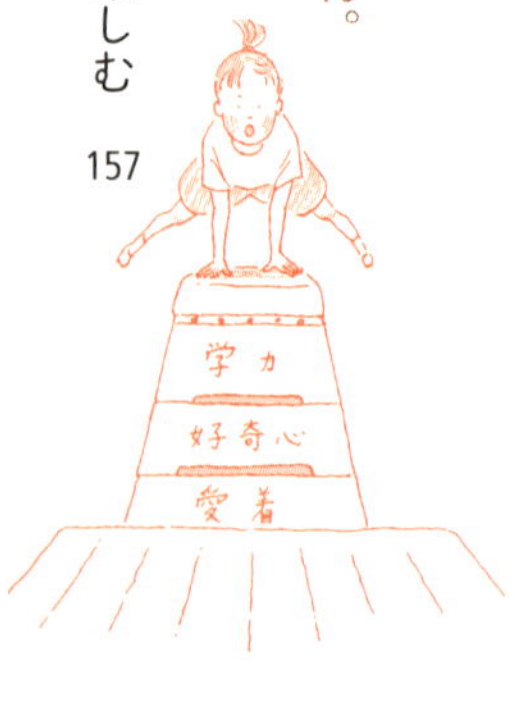

ずかん
じてん

1

「人生100年時代」を幸せに生き抜くには？

自分がいなくなったあとも、子どもの人生は長く続きます。だから、できるだけ多くのものを子どもに残してあげたい。知識、教養、思い出……多くの財産を子どもに蓄えて、いつか自立するときの糧《かて》にしてほしい。そう願って、日々の子育てに奮闘している親御さんは多いと思います。

目先の成長段階、学校の成績ももちろん気になると思いますが、もっと長い目で見て、子どもの糧になるものとは、なんでしょう。論理力でしょうか、記憶力でしょうか、コミュ力でしょうか？

もちろん、すべて大事だと思いますが、その答えは、すべての根本となる「脳」ではないでしょうか。

子どもが一生付き合っていく「脳」を賢く育てていけば、長い人生を幸せに送れるだろうという確信が、私にはあります。

では、どんな**「脳」**に育てていけばよいのでしょうか。

★長寿時代に生まれた子どもたち

２００７年に生まれた子どもの50%は、１００歳前後まで生きる。

という説を、ご存じでしょうか。

そうなれば60歳で仕事を引退してから、40年近くも余生を送ることになる。もしくは退職が80歳ごろまで延びて、60年間働き続けるのかもしれません。

そんな長寿時代を予測し、その生き方を説いたのは『WORK SHIFT』『LIFE SHIFT』の著者でロンドン・ビジネススクール教授のリンダ・グラットン氏です。彼女の著書の中で「人生１００年時代」という言葉が登場します。

それを受け、日本も動きはじめました。内閣府が２０１７年に「人生１００年時代構想会議」を発足したのです。

私たちの子どもや孫は、これまでのライフプランでは足りない長寿の時代を確実に生きていきます。

いい大学に入り、一流企業に勤め、定年を全うするという、これまでの〝普通の幸せな生き方〟を目標にするだけでは、今後は幸せな人生は描きづらいのではないでしょうか。


専門知識を身につけたとしても、退職が延びて60年間働き続けていくためには相当な努力が必要でしょう。60年間通用する専門知識は、なかなかありません。

日々新しいものが生まれてくる、このスピードアップした社会において、**60年間働き続けることを想像してみてください。**

つねに、今以上に知識も技術もアップデートしていく必要がありそうです。

なかなかに**厳しい100歳までの道のりが、続いている**ように思われます。

それは子どもたちだけではなく、現代を生きる私たち親にまず突きつけられている現実でもありますね。

しかし、好きなことをずっと60年間、80年間、100年間続けられるとしたら、どうでしょうか。今80歳の寿命が、100歳に延びる可能性があるのです。

20年も好きなことを続けられる時間が増えるのです。

好きなこと、極めたいことがある人にとっては、寿命が延びるというのは、とても嬉《うれ》しいことだと思いませんか?

好きなことを見つけ、夢中になって生きることができれば、幸せだと私は思います。

しかも、楽しいことが100歳まで続くのです!

そう、100年生きるって幸せなこと。

言うのは簡単、でもそんなに都合よく進まないと思われますよね。

だからこそ、**長い人生を見すえて、子どもが一生付き合っていく「脳」を賢く育てて**

いこうというのが、この本のテーマなのです。

★子どもたちが生きていく未来とは

今も昔も、私たち親は働き盛りの世代にいながら、はじめての子育てに直面しています。そんな日々は、未知の体験の連続。

1年後のことさえ想像がつかない、いや、今日明日を限られた時間の中で乗りきるだけでも必死で、その先のことなど想像する暇もないというのが本音かもしれません。

しかし、忙しい日々の中で、子どもたちは確実に一歩一歩成長しているのです。

そして、あっという間に過ぎゆく私たちの時の流れと同時に、社会も着々と変化し続けています。その社会の変化についていかなければ、確実に取り残されてしまいます。

今まで以上に、さまざまな変化に柔軟に対応できる力が求められると思います。

現代は第４次産業革命が進み、ＩＴ技術の変革が叫ばれ、社会の情報化がものすごいスピードで進んでいます。我々が処理できる量の何十倍、何百倍、何万倍の勢いで情報が増え、それに伴い産業も工業も、経営も急発展しているのです。

学生時代に勉強した知識と、入社当時に学んだスキルだけでは、何十年ものあいだ第一線で活躍し続けるのは難しいのが現状です。

たとえばそれは、**私たち医者のような専門職にも言えること**なのです。

必死で医学を学び、資格をとって、その知識を元に医者としての経験を積む。しかし、あるところまで来ると、自分は使い物にならないのではないか、と感じる頭打ちの瞬間が必ずやってきます。

これまでは、そのうちに経営や管理職に立場を変える人もいたでしょう。

しかし、時代の多様化は進んでいます。年功序列で縦型のシステムは崩れはじめていますし、マネジメントの専門家を入れる組織も増えてきています。そのため、管理職のポストは縮小化の方向にあるのが現状です。

また、医療分野にもＡＩ（人工知能）が入り込んできています。そして、**ＡＩが代替する医療も、ここ数年のうちに格段に増える**でしょう。

そんな中で、学生時代の知識のみで活躍し続けるには限界があります。つまり、**加速度的に進化する社会に振り落とされないように、私たちは新しい知識を学び続け、変化に対応していかなければならない**と私は思います。

さて、私たちが勉強して知識を磨くスピードは、進化する社会にどこまでついていけるのでしょうか。そして、少子化とはいえ、次世代も着々と育ってくるわけです。

私たちの子どもたちには、「学び続けなければ生き残れない」未来が突きつけられているのです。

未来は、「学び続けなければ生き残れない」

★待ち受ける課題。AIが怖い!?

また、少子化により、働き手も減っていきます。

そのため、働き手は引く手あまたで仕事を選びやすいのかと言えば、そういうわけでもないのです。

数十年前から叫ばれてきた人手不足の予測を解消するために、あらゆる分野で技術革新が日々続けられてきました。そして特に、全分野に応用できる画期的な技術が「自分で考えて、話して、動く知的な情報処理システム」です。その開発は1950年代から続けられてきました。

そうです。それが、今話題のAI（人工知能）です。

AIが人間の能力をすべて超えることは、そう簡単にはできないでしょう。しかし、**AIに取って代わられる職業や業務はたくさん出てくる**と思います。

だからこれからは**AIに支配されない、AIに取って代わられない職業を目指さなけ**

ればいけません。

それはどんな職業なのか。私は専門家ではないので、この職業がよいという答えはだせませんが、客観的に見て大きくふたつの方向性があるのではないかと考えます。

クリエイティブとマネジメント。ポイントはルーティンワークではない仕事だと、私は思います。

ビッグデータを元に動いているＡＩには、得意な分野と不得意な分野があります。特に、人間力、想像力や自発性が複合的に求められる仕事は、難しいのではないでしょうか。

人の気持ちのように微妙に揺れ動くものに接して、理解し、働きかけることはやはり人間同士でしかできないものです。

アートや文芸のジャンルにも、ＡＩが進出しているようですが、人の心を揺り動かすような作品をなにもないところから生み出すまでには、まだ時間が必要なのではないでしょうか。

しかし、たとえば医者も弁護士も、医学書に六法全書、過去の症例などのデータベースを元に働いているのなら、AIのほうが診断や判断に誤差が少ないでしょうから、いずれ取って代わられるかもしれません。国家資格をもっていようが、記憶力が人間をはるかに超える彼らには勝てるはずがありません。

どの職業だって取って代わられる可能性があるのです。

そうならないために、いちばん容易に生き残りが想像できる職業は、AIをマネジメントする立場に就《つ》くことでしょう。人間社会である限り、トップは必ず、人間のはずです。

ここで私が脳科学者として提案したいのは、AIを抑えて、マネジメントする立場に立ちましょう、という話ではありません。**AIをうまく利用し、AIと共存できる立場になろう、ということ**です。

自分にしかできない仕事をしていれば、AIにも、他人にも取って代わられることはありません。

ＡＩなどの新しい技術も率先して学び、活躍し続けるためには、新卒で入った会社、就いた職業だけにとらわれず、30代、50代になっても挑戦をし続けることが必要です。

また、そのように自分にしかできない仕事をしていたら、自分らしい人生も送れるでしょう。

するとおのずと、ＡＩと共存しているわけですから、ＡＩを怖がらずにすみます。**むしろ、新しい技術を楽しむことができるはず**です。

経験と知識を活《い》かしつつ、新たなことに取り組む姿勢をもち続けられたら、定年が80歳になっても怖くないはずです。

つまり、**ＡＩをはじめとした今後でてくるであろう新しい技術も、「学び続ける」ことができれば怖くない**のです。

★そんな時代の変化に振り回されないために

ここまで考えてきた、これからの「人生100年時代」を生き抜くために必要な力。
それは、いくつになっても「学び続ける力」です。

そうか！　学び続ければいいのか！

とは簡単に納得できない気持ち、私もよくわかります。
誰しもが学ぶ機会があって、学び続けることの大変さを、皆さん身をもって知っているでしょう。学ぶことは時に辛く、投げ出したくなることがある。それをウン十年も続けていかなければならないなんて……。

しかし、「学ぶ＝楽しい！」のであれば、違ってくると思いませんか？
楽しいから続いていること、皆さんにもありますよね？

楽しければ続けられる！

そこで次の章からは、「学ぶ＝楽しい！」と感じる脳になるためにはどうすればいいのかを、考えていきましょう。

2

脳を育てるカギは好奇心！

1章で見えてきた、長い人生を幸せに送る秘訣《ひけつ》。

「学ぶ＝楽しい！」の方程式。

そう感じる脳になるためには、まず学ぶことに興味をもたなければいけません。

そして、その楽しい気持ちの波に乗って、興味をもち続けることができれば、長い人生を幸せに送れそうですよね。


興味は、好奇心から生まれます。

つまり、「学ぶ＝楽しい！」となるためのカギは、好奇心。私が、認知症予防のための研究で、最も重視しているもののひとつです。

聞き慣れたことばかもしれませんが、だからこそ、もう一度注目してみましょう。


好奇心で、脳は変わります！

★分野に限らず活躍している人は、好奇心旺盛だった

何歳になっても目がキラキラ輝いている人がいます。

この本を手に取ってくださった方ならすぐに思い浮かぶでしょう。小さな子どもが、まっすぐに自分を見つめるまなざし、好きな遊びに夢中で没頭する姿。そんな一面を大人になってももち続けている人のことです。

私は第一線で研究する方や、企業のトップの方とお会いするようになって、みなさんが一様に人生を楽しんでいることに驚きました。みな目がキラキラと輝いているのです。

そういう方との会話は、お互いにどういう趣味があって、どういうことを考えていて、どうしてこういう研究やビジネスをはじめたのか、とても楽しく盛り上がります。

そして、ほかにも第一線で活躍する方々に多くの共通点があることに気づきました。

さまざまなことに興味があって、とても忙しいにもかかわらず、早起きをして、多く

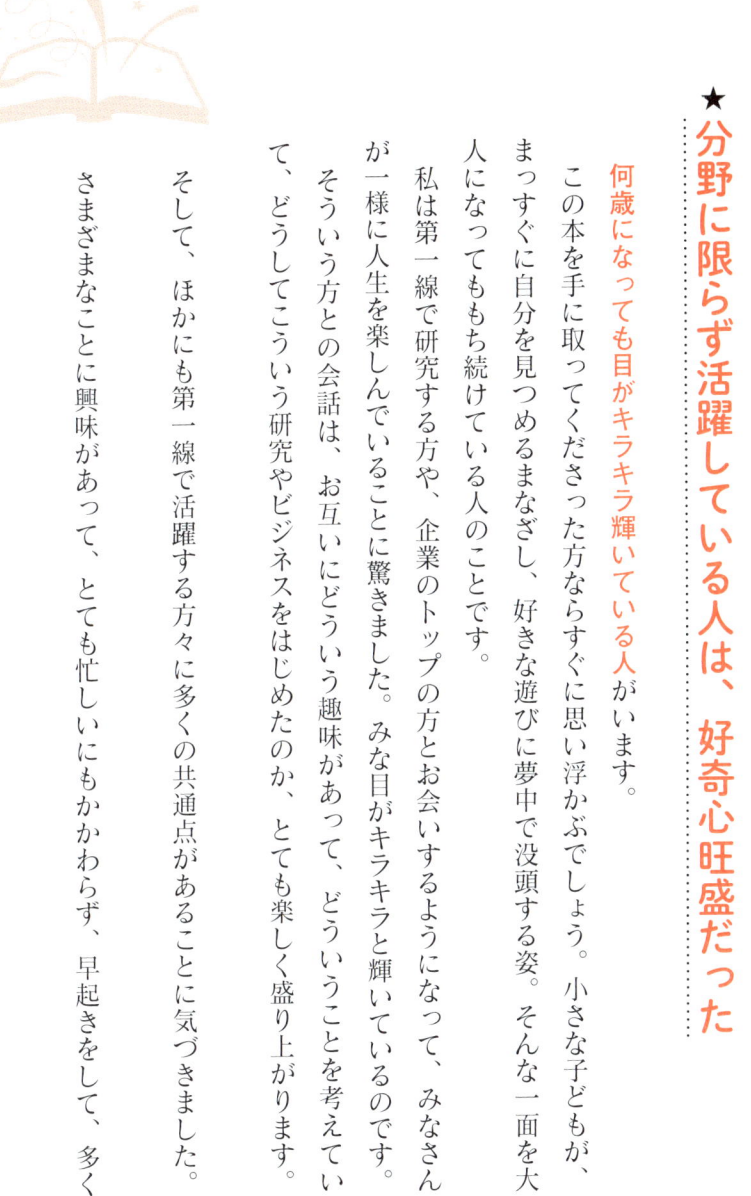

の友人に囲まれ、さまざまな活動をしている。

なにより、幼いころからの夢だった職業に就き、その第一線までのぼりつめていながら、努力を怠らない姿勢。そして、仕事を楽しんでいること。

ひと言であらわすと、**その共通点は「好奇心旺盛」！**

第一線で活躍している方は、仕事だけでなく、人付き合いも大切にし、人生そのものを楽しんでいる方が多いですよね。

それはきっと、**この世界にはおもしろいことがたくさんあるということを知っている**からだと私は思います。

ほかの人の話も、どんな趣味や人生を楽しんでいるのか、どんなビジネスをしているのかなど、「自分の知らないおもしろいことを、もっと知りたい！」と、興味をもてるのでしょう。

本当にみなさん「好奇心旺盛」です。

また、そういった方々とお酒を飲みに行くと、ビジネスや研究の話とともに、趣味の話でもたいへん盛り上がります。そこで、もうひとつ、気がついたことがあります。

みなさん、子どものころに、昆虫、電車、スポーツ、音楽など、ジャンルはさまざまですが、それぞれに、**なにかに夢中になり、熱中した体験をもっている**ということです。

きっとその「**熱中体験**」が、今の研究やビジネス、夢につながっているのではないか。

そして、この「**熱中体験**」が「**脳**」にとって、**非常に重要なのではないか**と私は考えています。

活躍している人はみな、子どものころからあくなき「好奇心」と「熱中体験」をもっているのです。

★熱中体験をもつと、将来東大に入れる⁉

以前、教育系雑誌の企画でとったアンケートで、「熱中体験」に関して、興味深い結果がでました。

それは、東大生１７４人を対象としたアンケートです。

「小学生時代、なにかにハマったことはありますか？」という問いに対して、なんと、アンケートに回答した東大生の96％が小学生時代になにかにハマった、「熱中体験」をもっていたのです。

これには驚きました。

幼いころになにかに打ち込んだ経験を、しっかり脳は覚えています。

後で詳しくご説明しますが、ひとつのことを突き詰めていく過程で、脳は試行錯誤しながらも次に進むための、上達のノウハウを獲得します。

多くの東大生が「熱中体験」をもっていた

一方、東大に入るためにも、多くの場合、コツコツと学び続けることが必要です。なにかひとつのことに打ち込むこと、目標をもつこと、その目標を達成するまで努力し続けること。どれも容易なことではありません。その経験を受験以前にしていたとしたら、それは大きなアドバンテージになるでしょう。

体育会系クラブで思いっきり汗を流していた学生の中には、引退して、高校2年の秋から受験勉強をはじめて、急に成績を伸ばす例が多くあります。それもやはり、熱中体験のなせる業《わざ》ですね。

子どものころの好奇心が学びの土台となり、熱中体験が努力する姿勢を後押しし、その後の受験勉強での好成績につながっているのです。

このアンケートから、東大に入るような勉強ができる子どもの多くは、小学生時代から、特定の分野の知識に秀《ひい》でている場合や、熱中できるものをもっていることがわかりました。

そして、その好奇心や熱中体験が、やがて勉強につながり、なにかを学んで追求することを楽しいと感じさせるようになったのではないでしょうか。

★勉強ができる子どもは、「学ぶ＝楽しい！」脳をもっている

勉強ができる子どもは、学ぶことを楽しんでいる。

当然のように感じる方も、あり得ないと思われる方もいるでしょう。私は、前述のように東大に合格できるような、**勉強ができる子というのは「学ぶ＝楽しい！」脳をもっている子が多い**のではないかと思います。

勉強を楽しんでいる子どもは、明るくて前向きです。将来の夢をもち、友人に囲まれ、明るい未来に向かって学生生活を謳歌《おうか》しているでしょう。

その勉強好きな姿勢は、小学校に入学していきなりはじまったわけでも、受験で開花

したわけでもありません。もちろん、**両親が「勉強しろ」と言うからでも、いい成績をとればごほうびがもらえるからでもありません。**

もっと以前から、学ぶことの楽しさを体験しているのです。

重要なことは、**「勉強」を「いやいや、やらされるものだ」と思ってしまう前に、「学ぶ＝楽しい！」という体験をしていること**でしょう。親や先生に「やりなさい」と言われてする「学び」ではなく、自分が興味を惹《ひ》かれたことではじまった、純粋な熱中体験です。

好奇心から触れたことは忘れません。

幼いころのワクワクした熱中体験を、大人になっても覚えている方、多くありませんか？

小さなころにハマった、歴代仮面ライダーや恐竜の名前を言える人は、よくいます。

しかし、同じカタカナなのに、もっと大きくなってから試験勉強で覚えたはずの、歴代アメリカ大統領の名前を言える人は少ないのではないでしょうか。幼稚園で楽しく歌った曲の歌詞は今でも覚えているのに、中学や高校の授業で興味はないのに歌った曲については全然思い出せない、という方もいるでしょう。

脳の中で、感情と記憶をつかさどる分野はきわめて近いところにあります。記憶は、海馬《かいば》というところで短期記憶を長期記憶に変えると言われています。側頭葉《そくとうよう》の下部分にある海馬は、すぐ前に扁桃体《へんとうたい》という好き嫌いを判断する領域と接しています。

つまり、**海馬と扁桃体はすごく密な関係なので、記憶と感情というのは、私たちの頭の中ではよくつながる**のだと思います。

だから**記憶するときには、楽しかったり驚いたりした感情が伴っているほうが、圧倒的に頭に入りやすく、定着しやすい**のです。

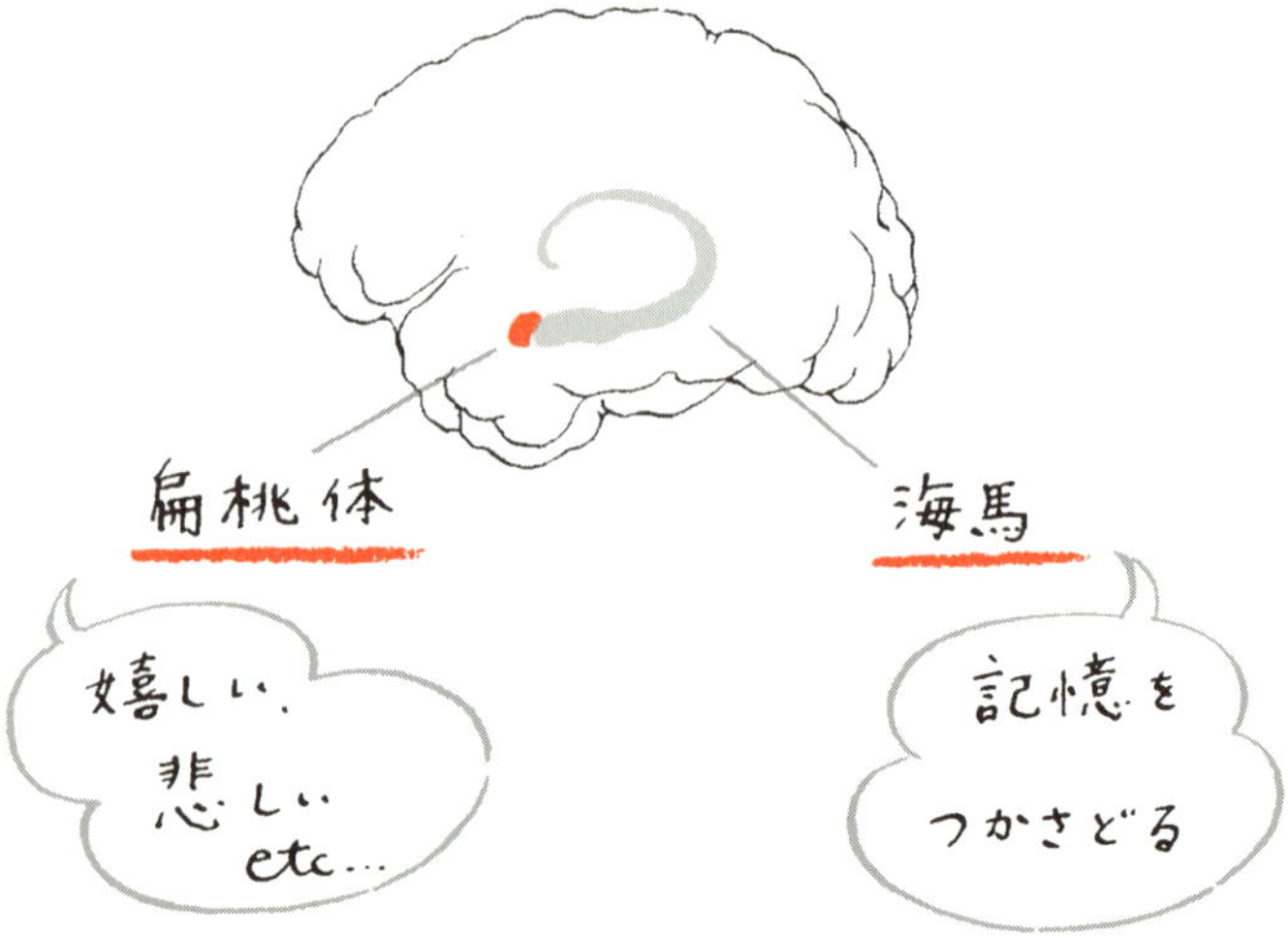

感情と記憶をつかさどる分野はきわめて近いところにある

うつ病というのは、その逆です。うつ病になると海馬が萎縮するのですが、そのストレスで、すぐ前にある扁桃体にもネガティブな影響を与えてしまいます。

扁桃体は感情をつかさどっていますから、結果、うつ病の人は感情までも平坦《へいたん》になってしまうのです。

このように、**記憶と感情はとても近い関係**にあるのです。

だから、**ワクワクしながら勉強すると、記憶力にもプラスの効果がある**のです。

高校生になって、いやいや受験勉強をしても覚えられないのは、仕方がないことなのですね。

しかし、もう高校生だから、大人だからと諦《あきら》めないでください。

年齢に関係なく、「学ぶ=楽しい!」脳をもっていれば、記憶域は活発に働いて、勉強は、はかどるのです。

★未就学時期がチャンス

長い人生を幸せに送るためには好奇心と、「学ぶ＝楽しい！」と知っていることが必要で、東大生のような勉強ができる子も「学ぶ＝楽しい！」脳をもっている。

では、わが子の脳も「学ぶ＝楽しい！」に変えていくには、どうしたらよいのでしょうか。いろいろなタイミングや方法があるとは思いますが、最も有効で簡単な方法があります。

脳の成長段階から考えると、そのポイントは、未就学時期です。

子どもが**高校生になってから急に勉強を好きにさせるのは、とても労力が必要**だと思います。よほどのきっかけがない限り、難しいかもしれません。

ところが、この世に生まれたばかりの、この世界に出合ったばかりの**幼児は、身の回**

りの物事になんにでも興味をもっています。

タイヤがついた「くるま」という物体がとても速く走ることを、「あめ」が降ったら水たまりができることを、「ことば」というもので世界が説明されることを。大人には当たり前のことが、どれも幼児には新鮮で、知った瞬間にパアッと世界が開けて夢中になっていきます。

そのどれもが好奇心が芽生えた瞬間であり、ワクワク体験のはじまりです。

その好奇心に毎日振り回されてばかり、ただスーパーに買い物に行きたいだけなのに、着替えて、靴をはいて、まっすぐ歩くということがなんでうまくいかないの！　と今ちょうど、幼児につきっきりの親御さんは嘆くこともあるでしょう。

ちょっとそこまで歩くだけなのに、葉っぱやダンゴムシ、水たまりにじっと見入る子どもたち。好奇心のおもむくままに、行動しているのがわかると思います。

「まだ小さい」とわかっているのに、私も息子についつい「早く」と言ってしまったことがあります。

でも、数か月、いや、たった1~2週間後には思うのです。

「あれ、この子、いつのまに左右を間違えずに、ひとりで靴をはけるようになったんだろう……」

幼児は好奇心のかたまりです。

そして、日常のあらゆる場面で、新しいことを学んで熱中しています。それはものすごく莫大な量とスピードです。

脳科学的に重要なことは、タイヤがついた乗り物の種類を覚えることも、天気予報も、ひらがなを書く練習も、**子どもはけっして勉強だと思わずに楽しんでいる**ことです。

純粋に「学ぶ=楽しい!」体験をしています。

だから、未就学時期は、**勉強を勉強だと知る前に好きにさせる、最大のチャンス**なのです。

★未就学時期の脳は、劇的に成長する

そうして脳は、幼児期に劇的な成長をしているのです。ではここで、幼児期の脳の成長について見てみましょう。

私たちの**脳の神経細胞の数は生まれたときが最大で、脳の一部の領域をのぞき、生涯ほぼ増えることはありません。**

その神経細胞がつながり回路となって、脳内では、情報が伝達されています。

神経細胞同士が効率的につながってネットワークをつくりあげると、情報がすばやく的確に伝達できるようになり、「頭の回転が速い」「記憶力がいい」と言われる状態になります。

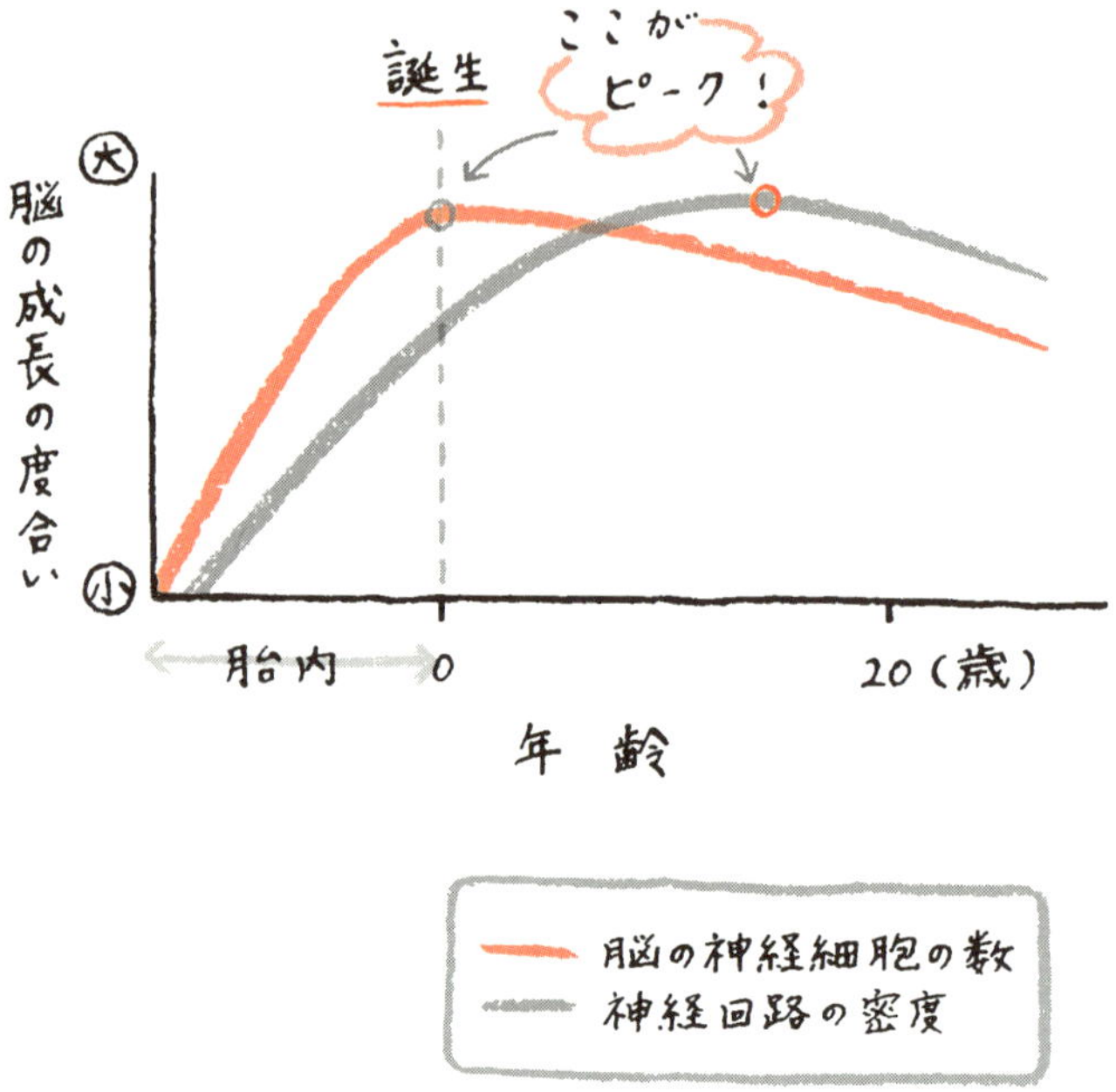

脳は、幼児期に劇的な成長をしている

神経細胞同士をつなぐ回路は、生まれてすぐからどんどん構築がはじまります。そして、**生後から思春期にかけて、神経回路の密度がピークを迎えます。**その後は、だんだんと密度が低くなっていきます。

脳の分野によってピーク期は異なりますが、**ある時期がくると、使わない無駄な回路は消滅しはじめる**のです。

この脳内の神経回路の成長の仕組みについて、簡単に「町づくり」にたとえてお話ししましょう。

生まれたばかりの赤ちゃんの脳内には、家屋や商店など町の要素となる建物が詰まっています。

そして、お母さんのお腹《なか》からでて、外界に触れはじめたとたんに、その全てが刺激となって、脳内の整備がはじまります。

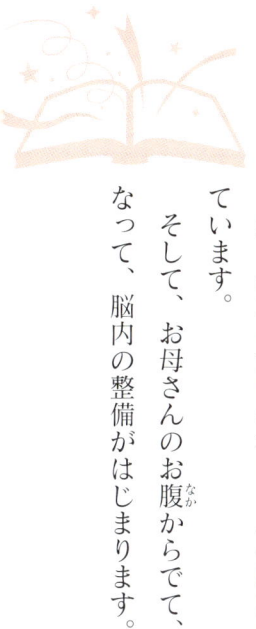

脳は、必要なものは残し、いらないものは壊す

まずは最初に、とにかくたくさんの道路を作りはじめます。
そして実際に、町として機能しはじめます。
すると、使わない建物や道路がでてくるので、それをどんどん壊しはじめます。

それと同時に、よく使う道路はより太く、頑丈に建設するようになります。

この建物が脳神経細胞であり、道路が神経回路です。

人間がなにか見たり聞いたり体験した情報は、全身から脳に伝わり、それが脳内の各分野へと伝達されます。その情報の伝達を担《にな》うのが神経細胞であり、神経細胞同士をつなぐ結び目が神経回路です。

つまり人間は生後、神経細胞の数は脳のほとんどの領域では増えないのに、成長するにつれて脳が大きく育っていくのはなぜでしょうか。

それは、神経回路によってつながる神経細胞のネットワークが、広がるからです。この神経回路の数が多く密に張り巡らされているほど、神経細胞が多くつながっているので、情報の伝達は早く深くスムーズになります。

神経細胞の数は減っていく一方なのに、子どもより大人の頭がよく働く場面が多いのは、神経細胞がうまくつながっていて、情報の伝達効率がよいからでしょう。

つまり、**神経回路が多く発達していると、よく働く「賢い脳」となる**わけです。

子どもの脳内の神経細胞を刺激するためには、実際にその子自身にたくさんの経験をさせてあげるとよいのです。さまざまな体験により神経細胞が刺激されると、その分野のネットワークづくりを神経回路が担います。

ただ脳内は、五感にはじまり、言語や図形、空間認識など処理する情報の分野が分かれています。だから、一律の刺激ではなく、各分野の発達を意識すべきだと思います。

また、各分野によって発達時期は異なります。個人差もあります。それらについては

116ページ以降で詳しく説明いたします。

ここまで読んでいただいて、「発達のピーク期に」「多くの刺激を」「日々与え続ける」ことがいかに大切か、おわかりいただけたでしょう。

刺激すればするほど、使えば使うほど発達するのが、子どもの脳なのです。

そのための具体的な方法を、次章以降はご説明していきます。

その道具はたったひとつ。『図鑑』なのです！

『図鑑』は、脳のさまざまな分野に一度に働きかけます。好奇心も、「学ぶ＝楽しい！」脳も、脳内の神経回路構築も『図鑑』ひとつでどんどん強化できます。

3

好奇心を育てるには「図鑑」がいちばん

皆さんは、最近、図鑑を見たことがありますか？

難しそうで興味がわかない。実生活に役立たないから、埃《ほこり》をかぶってしまっている、インテリアのようになっている。みんなが知っていて、子どものころから本棚にあるという人は多いはずの本なのに、図鑑についてアツく語れたり、よく読み込んでいる人は少ないように思います。

そんな図鑑ですが、私は、『図鑑』こそが、育脳の最高のツールだと確信をもっています。

幸せに人生を送るのに大切な「好奇心」、そしてその「好奇心」のかたまりのような子どもと一緒に、もう一度『図鑑』を開いてみてください。

★『図鑑』は「好奇心」を刺激するエンターテインメント

今も昔も変わらず、『図鑑』には知らない生きものや、見たことがない世界が驚きとともにあふれています。

『図鑑』はとても分厚く情報量が多いので、前から順番に読み進める必要はありません。ぱらぱらとめくって、気になったところで手を止めてみてください。

「え？」
「こんな生きものいるんだ！」
「なんだこれ！」

お子さんは必ずなにか、ひっかかることがあるはずです。
大人も「あ、これってそういう名前だったんだ」「これとこれは仲間だったのね！」と、新しい発見があるでしょう。

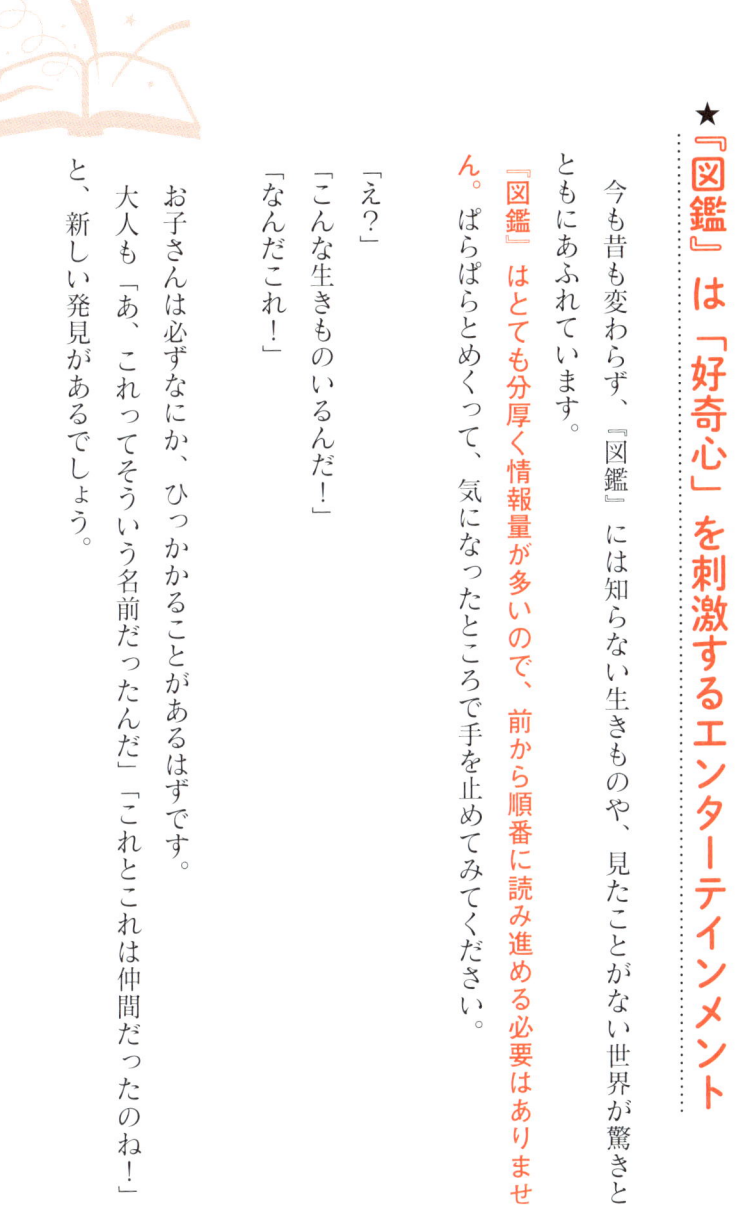

子ども用の図鑑だとしても、そのすべての掲載内容を知っている大人はそういません。すべてを覚えたり理解したりする必要はないですし、小さな文字のキャプションまで読み込まなくてもよいのです。

ぱらぱらとめくって、気になるものやことに出合う。すると、水族館に行きたくなったり、季節の変化に敏感になったりするでしょう。雨上がりのお散歩が特別なものになるかもしれません。恐竜展に山登り……もう休日の過ごし方に悩むこともなくなります。

そのワクワクこそが、「好奇心」です。

最近の『図鑑』は、写真も豊富で鮮やかです。コンピューターグラフィックを使用したイラストなど、私たち親世代が子どものころに見ていたものとは異なる、美しく迫力あるビジュアルで迫ってきます。

この30年の間にも、世界では多くの発見があり、私たちが一度も見聞きしたことのない内容もたくさん載っています。

最近の『図鑑』も分厚くて重いままですが、なかには携帯やタブレット端末にダウンロードできる、電子版もでてきているので、外出先でさっと図鑑を開くことも可能になりました。

だからまずは、**お父さん、お母さんが『図鑑』で「好奇心」を刺激される感覚を体感してみてください。**

「子どものものだろう」「なにか調べるためのものでしょ」と言わずに、一度そのページをめくってみてください。

きっと、**想像以上の驚きの世界が、目の前に広がる**はずです！

★『図鑑』は世界を知る第一歩になる

私は「賢い子」というのは、「好奇心」をもって世の中をもっと見たい！　知りたい！　と思い、そのために「学んで」みずから走り出せる子だと考えています。

そうやって、みずから走り出す、行動や知識のために、この世界を知る第一歩が『図鑑』だと思うのです。

なにの知識もないところに、情報を吸収するのはとても難しいことです。

たとえば、花というものを知らなければ、歩いていて道端に花がきれいに咲いていても、目にもとめないかもしれない。気づいたとしても「きれいだな」で終わりです。

魚の知識がなければ、水族館に行っても「なんか、たくさんの魚が泳いでいた」ぐらいの感想だけで終わってしまうかもしれません。

でも、そこになにか知っていることがあれば、興味や関心がわいて、次につながり、

知識となるのです。それが「学び」であり、勉強です。

「見たことがないお花だな」
「こないだ図鑑で見た花に似ているけど、この色って珍しい！」
「あれ？　ダンゴムシみたいなのになんで丸まらないの」
と思うと、名前や種類が知りたくなります。

ここで、**「見たことがない」「ダンゴムシみたいな」と、ひっかかっていることが非常に重要**なのです。身の回りのことへ興味をもつアンテナがなければ、その道をただ通り過ぎてしまうだけで終わります。

「ダンゴムシみたいな」というアンテナには、
①あしがいっぱいある
②丸まる生きもの

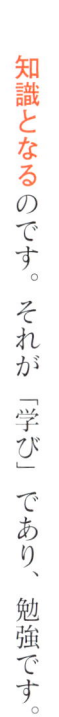

アンテナがなければ、情報は入ってこない

③ダンゴムシという名前

という知識が含まれているとします。

このうちのどれかに触れる情報を、五感でキャッチしたときに、子どもは「あっ!」となります。

「このあしがいっぱいある虫は、きっとダンゴムシだ!　図鑑には茶色と黒色が載っていたけど、こんなに大きな仲間もいるんだ!　どうやったら丸まるのかな～」

こんな気づきや興味、ワクワクは、アンテナがなければけっしてでてこないものです。

そして、この瞬間が世界を知る第一歩なのです。

私たちの生きる世界を、なるべく簡単にたくさんキャッチするためのアンテナ。そのアンテナづくりを、子どもができるのが『図鑑』なのです。

子どもが物理的に出かけられる、自由に触れられる世界は限られています。家の中、保育園や幼稚園の中、帰り道や公園、スーパー……。将来、羽ばたいていく世界の大きさに比べたら、まだまだほんの点ほどの面積でしかありません。

しかし、『図鑑』はどうでしょう！

その30センチに満たない小さな本の中に、広大な世界が広がっているのです。家にいながらにして、広い世界を、太古の昔を知ることができます。一度知ったら、それが新しい世界に向けてのアンテナとなります。

大人になった我々も同じでしょう。アンテナを張っていないと、絶対に情報はキャッチできません。

たとえば、政治や経済に少しでも知識があれば、テレビからそのニュースが流れてきたときにスッと耳になじみますよね。

逆に、ひとつの単語も知らないとしたらどうでしょう。そのニュースがなにに関するものなのかもわからない。そのうち、うるさいだけに感じて、政治経済のニュース番組に興味がなくなってしまうでしょう。

そしてついには、ニュース番組も新聞も見ないようになってしまうかもしれません。

小さくても世界に向けられたアンテナが、人生にいかに重要か、わかっていただけたでしょうか。

★『図鑑』で知らぬ間に「学ぶ」ようになる

図鑑は各テーマが体系立ててまとめられています。そのため、ほんの小さな興味が樹木のように放射状に広がっていき、アンテナが幾方向にも向くようになります。

図鑑好きだった私は、医学部で国家試験の勉強をしながら、この知識がつながって展開していく感覚は、図鑑を読んでいるのに似ていると感じました。

まずは内科や外科、眼科、皮膚科などの大きなくくりからはじまり、内科では循環器、呼吸器、消化器、神経内科……と分かれていきます。さらに、たとえば神経内科の中にも、多くの疾患が出てきます。

この大きな目次からだんだんと細かくたどっていくような感覚は、まさに図鑑を読んでいるときと同じようなワクワク感がありました。

それが勉強ですね。

『図鑑』を読みながら、勉強の基礎訓練が自然とできていました。

でも『図鑑』は、さらに自分が興味のある、楽しい内容だけを追っていけばいい！

『図鑑』ってスゴイ！　と思いませんか⁉

最高の知的エンターテインメントだと私は思います。

誰だって、『図鑑』で調べてみて名前がわかれば、スッキリしますよね。

「わかった！」という成功体験が脳に快感をもたらします。

そして次は、その快感を人とシェアしたくなるでしょう。すると、ご家族や先生は

「すごいね！　よくわかったね」

「物知りだな〜」

と、ほめてくれます。

あるいは、お友達にも教えてあげようと思うかもしれません。お友達が知らないことを自分は知っている、ということは、自信になります。

この小さな成功体験の積み重ねから、もっともっと「知りたい！」と学ぶことへの興味がわいてきて、「学び＝楽しい！」へと導いていくことができるのです。

無邪気に子どもが幾方向にも張り巡らせるアンテナは、『図鑑』からだけでなく、先生やお友達、テレビ、インターネットなど、いろいろな場面で新しい情報を得られるようになるでしょう。

その連鎖を生むために、まず最初に、まだ広い世の中のことを知らない幼少期に、家の中にいながら世界を知れるのが『図鑑』なのです。

一般的には、生後半年から1歳半くらいの間に、はじめてのことばを話し、ことばへの興味が生まれます。それは同時に、自分以外の人、外界への興味がでてきたしるしで

家の中にいながら世界を知れるのが『図鑑』

しょう。

これが「好奇心」の芽生えです。

「好奇心」が芽生えたときに、さまざまな刺激を与えてあげられるといいと思います。『図鑑』を通してなら、外国の動物にも、宇宙の星にも、家にいながら触れることができるのです。

★きっかけは親次第

生まれてから数年は、親が与える環境や物でしか、子どもの世界や興味を広げてあげられません。

ドキッとされましたか？

子どもがなにに興味を示すかは親次第なのです。

親の影響力という点で、私が感銘を受けて、よくお話しするエピソードがあります。

三兄弟をそれぞれまったく違った分野で、第一線の世界的芸術家として育て上げた、千住《せんじゅ》家の教育法です。

お母様の著書『千住家の教育白書』には、子どもたちの豊かな感性に時にとまどいながらも寄り添いサポートする、ご両親の徹底した姿勢が見られます。

小さなころ、家じゅうの壁やふすまに絵を描きはじめたことをとがめられず、ほめられて育ったご長男の博《ひろし》氏が日本画家になっている。

多くの子どもがよくする、壁に絵を描きたいという「好奇心」を受け止め、伸ばしてもらったことで、芸術的な才能が花開いたのでしょう。

小さな子どもに、「好奇心」を磨く機会をどれだけ与えてあげられるかは親次第のところが大きいのです。「好奇心」を刺激する遊びや習い事、先生や友達との出会いも、きっかけは親の選択によるのではないでしょうか。

でも、よいきっかけさえ与えてあげると、ひとりでに子どもはそれを「学ぶ＝楽しい！」につなげていくのです。

★東大生が幼少期にいちばん読んでいた本とは

前述の東大生アンケートに、もうひとつ興味深い結果があります。それは、

「読書は好きでしたか？」

「図鑑は自宅にありましたか？」

の２問です。

結果は、次のページのグラフのようになりました。

小学生時代、「読書が好きだった」東大生は86％という高い割合です。そしてじつに87％の家に「図鑑があった」という結果に、私も驚きました。

また、リビングに本棚があったと答えた割合も高く、アンケートに答えた東大生の多くが、子どものころから日常的に『図鑑』や本に親しんでいたことがわかります。

東大ではありませんが、私が通っていた医学部の学生たちにも同じようなことを感じていました。

脳の研究をはじめる前のことですが、医学部に入った当初、いったいどういう人が医学部に合格しているのか気になった私は、同級生たちがこれまでどんな子ども時代を過ごしてきたのか、ヒアリングをはじめました。

また、仲良くなって趣味の話などをするようになると、彼らはとても「好奇心」が旺

アンケートに答えた東大生の多くが、子どものころから日常的に『図鑑』や本に親しんでいた

盛という共通点に気づきました。

たとえば、まだ話もできない幼少期から動物好きだったという友人。親にねだるものは動物のフィギュア。動物園に連れていってもらうと食事も忘れて、暗くなっても檻《おり》の前から離れないような子どもだったそうです。

そのうちに本やテレビ番組で、この世界にはまだ出合ったことのない、動物園でも見られない動物も存在すると知って、ますます夢中になっていきます。

動物にも種類があること、世界には気候が異なる場所があり、地形や生息する動植物も異なること。ワクワクするこの世界の広さも、動物を通して知ったそうです。

いつか、世界の珍しい固有種を自分の目で見たいと考えた彼は、熱心に英語の勉強をはじめました。世界の地図も、地域情勢も自然と頭に入ったそうです。

得意科目が英語となった18歳の彼が選んだ将来の職業は医者でしたが、その勉強の合間にも世界中に出かけていました。そして医者になる夢をかなえた今も、世界中の動物に会いに行くことをライフワークに、人生を楽しんでいます。

医者として第一線で活躍する彼がとても輝いてみえるのは、そんなプライベートの充実にこそ、秘訣があるのでしょう。

そんな彼の人生に、つねに側《そば》にあったのが図鑑だそうです。今も医学書とともに、本棚にはさまざまな図鑑が並んでいます。

彼のように大人になっても図鑑が身近にある人は少ないと思いますが、**医者仲間ではよく子どものころに昆虫、恐竜、動物などの図鑑が好きだったという話を耳にします。**

実は私もそのひとりで、いまだにチョウが好きで、本棚に図鑑を並べている張本人です。

私の話が続き恐縮ですが、図鑑に載っている動物を動物園ではじめて見たときには感動しました。図鑑と世界が結びついた瞬間でした。それからは、外で得た知識を確認するために、帰宅したら図鑑を開きました。理科の授業でわからないことがあったとき、旅行の計画を練るとき……興味が広がるたびに、図鑑はそれに応えてくれました。
眠る前に母が読み聞かせをしてくれた、そんな大切な思い出のワンシーンにも図鑑があります。

子どものときにいかに「好奇心」を磨いて、鍛えているか、それが人生の伸びにつながる。そこに尽きると、東大生のアンケートデータや友人の話を聞いて感じました。

いろいろなことに興味をもって、好きになって、勉強してこそ、どんな場面でも乗り越えられる力がつく。そんな「好奇心」をもち続けてこそ、成長も続けられるし、人生が豊かになるのではないでしょうか。

★『図鑑で子育て』はコスパがいい！

図鑑はその他の本に比べ、値段が高い印象があるかもしれません。ものにもよりますが、1冊2000円から3000円くらいでしょうか。それを高いと感じるか、安いと感じるか。

私はとても安い、というよりお得だと思うのです！

2000円をだして図鑑を買うだけで、勉強が好きな子が育つ。

——としたら、とてもお得じゃないですか？

2000円で、勉強が好きな「賢い子」になるのです。

2000円で、「勉強しなさい！」と言わなくてもいいのです。

数年後からかかりはじめる、塾や通信教育、家庭教師代は桁違いの額になると聞いています。

図鑑はお得!

はい。もちろん図鑑をぽんっと与えるだけでなく、はじめはご両親が一緒に読んだり、興味を探って出かけたりしなければいけません。その親の補助テクニックについては5章以降でじっくりご説明しますが、一度想像してみてください。

幼少期の2~3年、子どもに寄り添うエネルギーと、その十数年後、思春期の子どもを塾に通わせ、「勉強しなさい！」と言い続けるエネルギーは、どちらが小さくすむでしょうか。

親の労力だけでなく、経済面から見ても、答えは明らかだと思います。

とにかく子どもと一緒に図鑑を読む。

それだけで子どもが伸びるなら、すごくいいことだと思いませんか？

次章にまとめますが、「図鑑で育児」は、副次的にいろいろなメリットがあります。

たとえば、恐竜好きの子が図鑑を開くと、恐竜の名前はカタカナで書かれているので、ひらがなより先にカタカナを覚えてしまう。なんていう話をよく聞きます。

もちろん図鑑は、「生きものの名前を早くたくさん覚えるためだけの本」ではありません。

「好奇心」を刺激し、「思考力」も鍛えられる。長い人生を幸せに「生きる」ための能力を身につけられる最高のツールなのです。


そんな、大人の想像を超えた影響をもたらすのが『図鑑』です。


そう言われてみれば、理解はできる。

だけど、毎朝ご飯を食べさせて服を着せて出かけるだけで精一杯の毎日。おもちゃで散らかった部屋をかたづけないままに寝てしまったことを後悔しているような日々の、いったいどこに『図鑑』と向き合う時間をつくれるのか……。

途方に暮れてしまい、私の話が理想論に聞こえてしまう方もたくさんいるでしょう。

幼児を育てる、20代から40代のお母さん、お父さんはとても忙しいですよね。私もそんなひとりなのでよくわかります。

仕事や家事、育児、さらに週末は、保育園・幼稚園のイベント、お友達との付き合い、ご自分の趣味だって楽しもうと思ったら、予定がみっちり詰まったご家庭が多いでしょう。

そんな中で、お子さんの将来を想《おも》って、習い事をはじめ、いろいろな経験をもっとさせてあげたい。そうつねに育児に悩んでいるのが、私たち親ですよね。

では、**一日のどこに『図鑑』の時間をつくれるのか。**

私の実体験から申し上げますと、**布団に入ってからの3分、5分だけでもいい**のです。

週末、子ども部屋で1週間ぶりに一緒に遊ぼうと座り込んだときに、開いたら充分。

子どもは図鑑より絵本、図鑑よりおもちゃが好きなんじゃないかと考えず、一度試してみてください。

お子さんを**ひとたび『図鑑』好きにしてしまえば、あとは軌道に乗ってきます。**

将来、同じように塾通いさせるとしても、勉強好きな子とそうでない子を連れていく労力だけでも、だいぶ違うでしょう。

今、数年間、もしかしたら数か月がんばるだけで、子どもたちと私たち親の未来が変わるのです。

一緒にがんばりましょう！

コラム Q

テレビの戦隊シリーズにしか興味がない息子に、図鑑への興味をもたせるには?

戦隊シリーズもいいじゃないですか!

歴代戦隊ヒーローを集めた本などもたくさんでていますよね。**それも立派な『図鑑』**だと、私は思います。そんな本をとことん読み込むまで、好きになってほしいですね。

戦隊の名前を読んで文字を覚え、変身パターンや仲間をかぞえて数への興味につながります。変身ポーズや、お友達との戦いごっこで、身体を動かすことにも興味がもてるでしょう。

なにより、幼児期になにかひとつのことに自分から興味をもち、夢中になっていることがすばらしいと思います。

私ならもっと、とことん極めさせてあげたいですね。

「戦隊ヒーローになるためには、どうしたらいいかな?」

なんて、答えはこじつけでもよいのです。どんどん興味を深めて極める、成長する方向に導いてあげられるのは、親の特権です。

戦隊シリーズのようなフィクションは、必ず元になっているモチーフがあるようです。毎年変わるテレビシリーズは、動物、新幹線、恐竜などと大きな世界観が定まっています。

たとえば、**宇宙や星座がヒーローたちのモチーフになっていた年は、宇宙の図鑑が多く売れた**そうです。きちんと、戦隊ヒーローのテレビ番組を、『図鑑』につなげている親御さんがいらっしゃるのですね。すばらしいと思います。

子どもの好きなことに気がつき、もっと楽しめるように、そしてもっと知識を与えてあげるために、興味に合った『図鑑』を渡してあげることは、ふだんから近くで見守るご両親にしかできないことです。

とにかくテーマにこだわらず、お子さんの**興味のあることを最大限に広げてあげる**ようにしましょう。戦隊ヒーローが宇宙の果てしなさを教えてくれるだなんて、本当に夢のある話です。

それでももっと、現実世界も見てほしい、知ってほしいと思われるなら、きっと将来は戦隊ヒーローになりたいと思っているだろう息子さんに、

「もうひとつなにか、○○くんも会ったことのあるかっこいいお仕事はないかな?」と聞いてみましょう。

小さなころは、夢が3つ4つでてくるのが普通です。

その夢に合わせて、

「じゃあそのためには車を運転できるようになるといいね、道にあるあの記号はなにかなぁ」(警察官)

「そーかぁ、保育園の先生になりたいのなら、お歌とピアノがうまくなるといいね!」(保育士)

「恐竜博士は、まずカタカナを覚えて、恐竜の名前を読めるようになるといいね！　発掘には、体力も必要だから、運動もがんばるともっといいね」（恐竜博士）というふうに、**身近な世界に興味がもてるように導いてあげましょう。**

ポイントは、**将来の夢につながる努力を、勉強だと認識する前に、楽しく経験させてあげる**ことです。その際に、『図鑑』はきっと楽しい道具となるはずです。

せっかく夢中になっているものがあるのですから、**その夢中を極め、持続させてあげられるように、好きなものを追求する姿勢をご両親も全力でサポート**してあげましょう！

4

図鑑で育つ力

― 思考力 ―

図鑑によって育まれる「好奇心」。図鑑で身につけられる力は、それだけではないのです。

それは、思考力です。思考力は、さまざまな力が複合的にあわさり、高まるものだと思います。人生の目的を達成するための「ストラテジー」、そのために必要な「知識と学力」、それを備えるための「記憶力」。この3点は、思考力の根幹となるのではと考えています。

好きなものを見つけ、図鑑を通して興味を深めていく過程で、「ストラテジー」が身につきます。そして、もちろん図鑑は「知識」の宝庫です。ただその羅列ではなく、その情報をどう「学力」に変えていくか、よく考えられた教科書でもあります。各界のプロが監修し、何十年間も改編され続けてきた図鑑には、膨大な情報がうまくまとめられていて、読み手の「記憶力」を鍛えます。

高い思考力は、子どもたちの人生の中でいくつもの山を乗り越えるときに、自分で考え、自分で道を切り開いていく際に、必ず役に立つはずです。

★図鑑で身につく力①目的を達成するためのストラテジー

ストラテジーとは、ある目的を達成するために進める、計画や戦略のことです。

幼いうちは、それが裏山の秘密基地づくりなど遊びの中にあるものですが、成長するにつれて受験や資格の勉強など、人生を左右する能力となってくるでしょう。

現代は、少子化により、親も先生も一人ひとりの子どもと接する時間が増えた分、先回りの配慮をすることが多くなったように思います。そのため、子どもはひとりきりでなにかを達成する機会が減っているように思います。

しかし、やはりいつかは自立して、自分の人生を歩んでいくためには、**失敗や挫折もしつつなにかを達成する経験が必要**だと、私は思います。大人になれば必ず、誰もが、踏ん張らないといけない局面に出合いますよね。

ただやみくもにがんばることで、その局面を乗り切れる人もいるでしょう。でもできれば、限られた条件の中で、最良の方法で最高の結果に至ってほしい。
そこで必要となってくるのが、ストラテジーなのです。

ストラテジーとはもともと軍事用語ですが、最近は経営の分野でも多用されています。**目標のために、どういう手段を取ればよいのか計画し、挑戦して、問題が出てくるたびに軌道修正する。これを繰り返すことによって、目標を達成していきます。**

たとえば、子ども時代の遊び、裏山の秘密基地づくりを例に考えてみましょう。

目標：裏山に秘密基地をつくる
計画：仲間3人でスコップを使って穴を掘る
挑戦：下校後に集まり穴を掘りはじめて5日目に天井が崩落
問題：土のもろさ、天候、仲間割れ、親に怒られる、道具不足など

遊びの一環でも、何度も計画、挑戦を繰り返して、裏山の秘密基地づくりという目標

を達成するのです。これが、ストラテジーです。

そして、**この達成感は苦労すればするほど大きく、体験しないとわからないもので**す。また、**達成するまでの過程も楽しいからこそ、最後までやりきる力は強く脳に刻まれます。**

こうして、ストラテジーを考え、最後までやりきる力は経験によって鍛えられるものです。子どものころからこの問題解決のストラテジーを考え、最後までやりきる訓練をしていないと、大人になってはじめてなにか達成したい目標ができても、まずはなにからはじめたらよいのかわからず、立ち尽くしてしまうでしょう。

ところがこのストラテジー、『図鑑』を活用していると自然と身についていくのです。

虫、恐竜、花など、好奇心を元に図鑑を眺めていたら、好きなものができて、気になることは、より高度な書籍を探したり、親や先生に聞いたり、自分の目で確かめるため出かけたりするようになるでしょう。なにかひとつのことにハマると、熱中しながら知らぬ間に、興味を追求していきます。

「もっと知りたい」「もっと見たい」「触ってみたい」「手に入れたい」といった欲求が原動力です。

そして、「では、どうしたらオオクワガタを捕まえられるか」といった目標のために、ストラテジーを磨いていくのです。

図鑑に触れはじめるのは1歳でもけっして早くありません。そして、3歳にもなれば、問題解決へのプロセスが楽しいと感じるようになるでしょう。

1歳のころ、はじめはただ漫然と図鑑の恐竜の絵を眺めているだけだったのが、恐竜にはさまざまな種類があると知り、ジュラ紀、白亜紀と恐竜がいた時代を覚え、体長が何メートルという記述から恐竜がいた時代に思いをはせ、夢中になる。

恐竜でも鉄道でも、興味をもって取り組みだしたら好奇心の冒険のはじまりです。そのうちにおもしろい、もっと知りたい、もっと上手になりたいと考えはじめるでしょう。ある子は人に聞くだろうし、本を読んだり、インターネットで調べたり、実際に本物を見に行くこともあると思います。

ストラテジーが身についていれば、図鑑だけでなく、インターネットやスマホさえも問題解決のためのツールとして、上手に活用できる子どもに育つでしょう。

なにかひとつのことを極めるストラテジーの流れは、すべて同じです。計画し、挑戦して、見直す。勉強も、仕事も、虫探しも、鉄道博士になるのも、流れは同じです。

現在私は、医師、研究者、大学教授、そして大学発ベンチャーの経営陣という立場で物事に取り組んでいます。そのどれもこれもが、おもしろいのです。どんなふうに説明すると相手はどう反応するのか、自分のやり方のなにが問題なのかと、そういった問題点を探し、改善していくことにワクワクさえしています。

それは、趣味の、珍しいチョウをどうしたら見つけられるかと考え、チョウを採集していた過程と同じなのです。

なにかを達成しようと取り組むことが、楽しいことだと知れたのは、小さなころの経験が好奇心からはじまったからでしょう。みずから興味をもち、みずから走り抜けたからこそ達成感があったのだと思います。

成功体験は脳に快感をもたらします。

小さなころに『図鑑』を使って好奇心を追求した人は、目標達成までのストラテジーが自然と身についているだけではなく、その楽しさも知っているから、強いのです。

★図鑑で身につく力②知識と学力

『図鑑』は、もちろん知識の宝庫です。大学の研究室でも、調べやすいので、子ども向けの図鑑を置いているところがあるぐらいです。

そのすべてを覚えて知識をつけよう、という話ではありません。子どものうちに、**図鑑に親しみ、動植物から地球の歴史、宇宙に至るまで、でてくる言葉に触れるだけでいい**のです。覚えていなくても、意味を正確に理解していなくてもいいのです。

「聞いたことがある！」

「なんとなく知っている！」

その感覚が、重要なのです。

心理学の用語で、**「ファミリアリティ」**というのですが、脳は見たことがあったり、知っていたり、親しみを感じたりするものを、好ましく感じる傾向があります。

「ファミリアリティ」が大切

そのため、「月の自転や公転」「昆虫の完全変態、不完全変態」などの言葉が授業で出てきたときに、

「あ！　図鑑で見た！」

そう気づくことで親しみを感じ、先生の話がすっと頭に入ってきやすいのです。「見た」だけで、理解しているかどうかは関係ありません。「知っている」という余裕と自信をもって、その授業に臨むことができるでしょう。

そもそも、人はみな知りたいという欲求があるので、本来、勉強は楽しいことのはずなのです。それなのに、苦手意識をもってしまうのは、もったいないと思います。

では、どうしたら子どもに苦手意識をもたせないようにすることができるのか。

そこで「ファミリアリティ」が大切なのです。

勉強をネガティブにとらえさせないためには、なるべく学校で習う内容に親しみと自

信をつけておくことです。

そのために最適なツールが『図鑑』であり、「図鑑好き」が「勉強好き」につながっていくのです。

勉強が好きになると、おのずと学力がついてきます。そして、学力がつくと、心に余裕が生まれます。その余裕によって、学校の試験のためだけではない、新たな学びに好奇心をもって取り組むことができるのです。

そしてさらに、うぬぼれや優越感ではまったくなく、みんなが知らない知識を自分はもっているというささやかな心の余裕は、自立をうながします。みずから、目的をもって学び続ける子になるのではないでしょうか。

ここで言う「勉強好き」な子は、けっして学習机に張りついているわけではありません。

たとえば、理科の知識だけでなく考える力を身につけてくると、家族でバーベキューをする際にいかに早くうまく火をおこして、持続させるかを考えてくれるでしょう。

お友達と、かっこよくて、そして速く飛ぶ紙飛行機づくりに夢中になって、遅くまで帰ってこないかもしれません。「お母さん、通り雨がくるよ」などと言って、助けてくれる日もあるでしょう。

歴史が好きな子は、そのうちに家族旅行のプランに口をだしてくるかもしれませんね。英語に興味をもった子は、海外の文化にも詳しくなり、ヒップホップアーティストになりたいと言い出すかも。

彼らは、**勉強が、この広い世界の森羅万象《しんらばんしょう》に結びついていて、もっと知りたい欲求を満たすことがいかに楽しいことであるかに、幼くして気づいているのです**。だから、**「学び続ける」**ことができる。

幼いころは勉強ができたけど、そのあと**成績が伸び悩む子どもたちが多くいます**。それは、親に言われるからやっているなど、勉強そのものを楽しく感じていたわけではなく、**無理をしてがんばっていた**のでしょう。

勉強の楽しさをきちんと知っていれば、成績に波はあっても、学び続けることをやめないはずです。

継続して、少しずつでも学力が伸びていく子は、学ぶことの楽しさを知っていて、努力も楽しめる子です。

興味のないことへの努力は、ただ辛いだけで、誰だって楽しめません。

伸びていく子は、小さな成功体験を積み重ね、努力の先にある成功の快感を知っているのです。だから、子どもながらに努力ができるのではないでしょうか。

成功体験は大切です。成功体験から、困難な状況でもポジティブに物事をとらえられるようになります。思考は、生まれつきではなくて、変えていけるものです。そうすれば、つねに目標をもって邁進《まいしん》することができるでしょう。

知識や学力がつくということは、学校の成績を上げるだけではありません。

自分らしく、学び続けて、人生が充実する。それがひいては、学歴や職位を上げて、所得を上げる連鎖に続くでしょう。

★図鑑で身につく力③記憶力

図鑑を読んで知識が身につくということはつまり、脳に記憶する情報が増えることになります。記憶とは、物事を忘れずに覚えておくことです。**記憶は、繰り返せば繰り返すほど、記憶力自体を高める**ことにつながります。

コミュニケーションにおいても記憶力は重要です。相手が話している内容を理解し、記憶しながら自分の考えもまとめる。

記憶力は思考力の基礎となるものです。

思考と記憶の関係でわかりやすいイメージがあるとしたら、パソコンのメモリ容量でしょう。パソコンのメモリが充分に足りないと、思うような操作ができませんよね。それに似ています。そして、動きが鈍いパソコンには、動作環境をよくするためにメモリを増設する方も多いでしょう。では、人間はどうでしょうか？

前述のように、**人間の記憶力も増設する（鍛える）ことができます。情報量の多い『図鑑』をたくさん読んでいる子は、知識を増やすとともに、記憶力も鍛えている**のですね。

その**記憶力を支えているのは、脳の海馬や前頭野《ぜんとうや》といった部分**で、これらがきちんと機能することで記憶が保たれています。

イギリス・ロンドンのタクシードライバーの海馬は大きいという、有名な話があります。ロンドンのタクシー運転免許を取得するには、市内の数万通りの道順、そしてその地形を覚える必要があり、3年から5年かかって何回もテストを受ける必要があるそうです。そして、受験者の半分程度しか合格しない。

その合格者、すなわちロンドンの**タクシードライバーの海馬は、一般の人に比べて大きい**そうです。

また、たとえば、将棋の棋士は頭がいい人の代表のように紹介されることが多いですが、将棋は、思考力を必要とするゲームです。頭の中で、数十ある駒の動きを何十手先まで考え、記憶し、戦っているそうです。

記憶力は思考力の基礎なのです。

話は少し逸《そ》れますが、将棋には、知識だけでなく、発想力や判断力も必要でしょう。最近は、史上最年少プロ棋士、藤井聡太《ふじいそうた》七段（2018年5月現在）の登場で注目されているもうひとつの能力があります。

それは、**メンタルローテーション**です。

メンタルローテーションとは、頭の中で立体を回転させて認識する力のことです。スポーツの世界では、サッカーのパスやゴルフのラインを読むための基礎能力としても知られていますね。スポーツだけでなく、**メンタルローテーションができると、立体思考が可能に**なります。**物事を掘り下げて考える力（垂直思考）**や、**結びつけて考える力（水平思考）のこと**です。**立体思考は、賢さの土台をつくります。**

実は、このメンタルローテーションも『図鑑』を通して鍛えることができます。ただし、『図鑑』を見るだけでは鍛えることはできません。

たとえば、こうです。

図鑑を見る
←
好奇心が刺激される
←
昆虫に夢中になる
←
実物を採集するために野山に出かける←ここが重要！

虫探しをしているだけで、いろいろな能力が磨かれる

自分が今いる状況に、図鑑に載っていた知識を照らし合わせて、さらに手足を使いながら、野山の地形を認識しながら、目当てのものを探す。**この同時にいくつものタスクを処理している状態で、メンタルローテーションも鍛えられる**のです。

野山のいびつで、画一的でない地形を認識するためには、空間認知力が必要です。**虫探しをしているだけで、いろいろな能力が磨かれる**のですね。

また、山道では足腰も鍛えられ、体力もつくのです！

知育玩具では手先しか鍛えられませんが、図鑑を好きになって好奇心を伸ばしていけば、脳だけではなく身体全体が鍛えられるのです。

こういった点が、私が図鑑をおすすめする本質なのです。**図鑑はただ知識を得るだけの本ではない**ということです。

コラム

Q 英語を話せるように育てたいのですが、いつから勉強させるべきですか？

はい、これからの時代、語学、特に英語力は必須ですよね。ただ私は、**小さなうちから英語を話せる必要はない**と考えています。

しかし、**英語に対する親しみはもっておいてほしい**と思います。

子どもが興味をどんどん広げていった先には、日本だけにとどまらない**広い世界があるということを知ってほしい**のです。

自然、スポーツ、テレビ番組、なんでもよいのですが、海外の動物、世界1位のスポーツ選手、海外のアニメや映画を知れたら、もっともっと楽しいですよね。どんな切り口でもよいので、世界の広さを知って、外国語に興味をもってほしいです。

そのポイントは、**学校で英語を勉強として習う前に、英語というのは自分の世界を広げ**

英語は世界を広げるためのツール

るためのツールだと知ることです。

語学力の伸びしろは、その興味にあると思います。もし、興味もないのに英語教室に通わせて「この単語を覚えなさい」と頭ごなしに言われれば、英語が嫌いになりかねません。

「英語がわかれば、アメリカから引っ越してきたあの子と仲良くなれる」
「サッカーがもっと上手になりたいから留学するために、英語を勉強しなきゃ」
「このカタカナの恐竜の名前は、どういう意味なんだろう」

大切なのはまず、読み書きよりも、リスニングだと思います。はじめに、耳を鍛えるためにテレビからでもよいので、英語を聞かせてあげましょう。DVD教材でもよいですが、ネットやケーブルテレビに契約するだけでもよいと思います。

子どもが興味のある、動物、キャラクターに関する番組、アニメを英語で観《み》せるようにしてはいかがでしょうか。それなら喜んで観るでしょう。そのうちに、きっと耳が英語に慣れてくるはずです。

脳の中で語学力をつかさどる言語野《げんごや》の成長のピークは、8歳から10歳だと言われています。そのころに英語に興味をもっているなら、ぜひ聞くこと、話すことを教えてあげましょう。単語や文法などを、いちばん吸収できる時期です。

5

はじめての図鑑

ここまで読んでいただいて、子どもの脳の成長に『図鑑』が効果的ということはわかっていただけたと思います。

それでは、さあ、図鑑で子育てをはじめてみましょう！

あ！　しかし、ちょっと待ってください。あなたの手元にある図鑑は、今現在のお子さんに合ったものでしょうか？

図鑑の選び方、使い方にもコツがあります。

脳の発達の時期やその速度は、脳内の分野によって異なります。その発達に合わせた図鑑の選び方や、使い方を考えることで、よりよい効果が望めるのです。

★「図鑑で子育て」の基本――図鑑はリビングに！

まず、全年齢共通のお話をしたいと思います。大筋だと思っていただければよいです。

子どもは好奇心を刺激してあげさえすれば、なにかに興味をもちます。その興味に合わせ、図鑑を一緒に読んでみましょう。

たとえば、テレビに「カミツキガメ」がでてきて、子どもがずっと観ていたとします。きっと、その瞬間、子どもの中には好奇心の種が芽生えているでしょう。

そのタイミングで、ぜひ、図鑑を開いてみてください。「図鑑には自分が知らない、おもしろいことがたくさん載っている！」と、ぐっと図鑑がおもしろくなるはずです。

そして、できるだけ早く興味をもったものの本物に触れさせてあげましょう。魚だったら水族館、電車だったら、電車がよく見える駅に出かけてみるのです。「カミツキガ

「驚き」「感動」したことは、忘れない

メ」なら動物園でしょうか。

リアルに触れ、「驚き」「感動」したことは、きっと忘れません。

さらにまた、図鑑に戻ってみましょう。今度は、図鑑に載っている別のものが見たくなったり、もっと深く知りたくなったりするかもしれません。そうしたらまた、リアルに触れましょう。すると、またもっと知りたくなり……。

もっともっとと、このサイクルを続けているうちに、人に聞いたり、ほかの図鑑を読んだりと興味が無限に広がっていきます。

このサイクルが身につくころには、もうお子さんは○○博士です。熱中体験の真っただ中にいるでしょう。

サイクルをうまく軌道に乗せるためのポイントは、**図鑑をいつもすぐ手に取れるよう**

な場所に置いておくことです。なにか興味をもったり、疑問に思ったりするきっかけは、家族の会話やテレビ番組が多いと思います。

そこで、図鑑を置いておく場所はリビングがよいでしょう。

子どもでも簡単に手に取りやすい高さにしまってください。

★子どもの脳の「臨界期」って知っていますか？

脳の神経細胞は幼児期のほうが簡単につくれるのは確かですが、発達の時期や速度は分野によって異なります。

つまり、脳には分野によって、その能力を高めるのに適した時期があるのです！

だから、なんでも早め早めに子どもに与えるのがよい、と考えるのは間違いです。早期教育が流行《はや》っていますが、私は年齢に合った内容でない限り、その効果は望めないと考えています。

英語教育についてのご質問のところで触れましたが、たとえば**音感は3歳から5歳ごろに、語学力は8歳から10歳ごろにいちばん伸びる**と言われています。**それが脳の発達の臨界期と呼ばれるもの**です。この**臨界期を知ったうえで子育てをすることで、効率よく、無理なく子どもの才能を最大限に伸ばすことができる**のです。

だから私は、将来英語を話せる子にするために早期英語教育をさせるくらいなら、**未就学時期はピアノやバイオリンなどの習い事をさせることをおすすめ**しています。**その時期に音感を鍛えれば、将来英語を聞き取るのに抜群の耳が育つ**からです。

もちろん英語は30～40歳からはじめても、いや、80歳からはじめても、話せるようになる方がいらっしゃいますね。それは、人一倍、若い人の何倍も努力をされているということです。あるレベルに達するまでに要する時間が、年齢によってとても変わってくるのです。

けっして成長の伸びしろは、ゼロにはなりません。脳には可塑性《かそせい》があり、80歳になっ

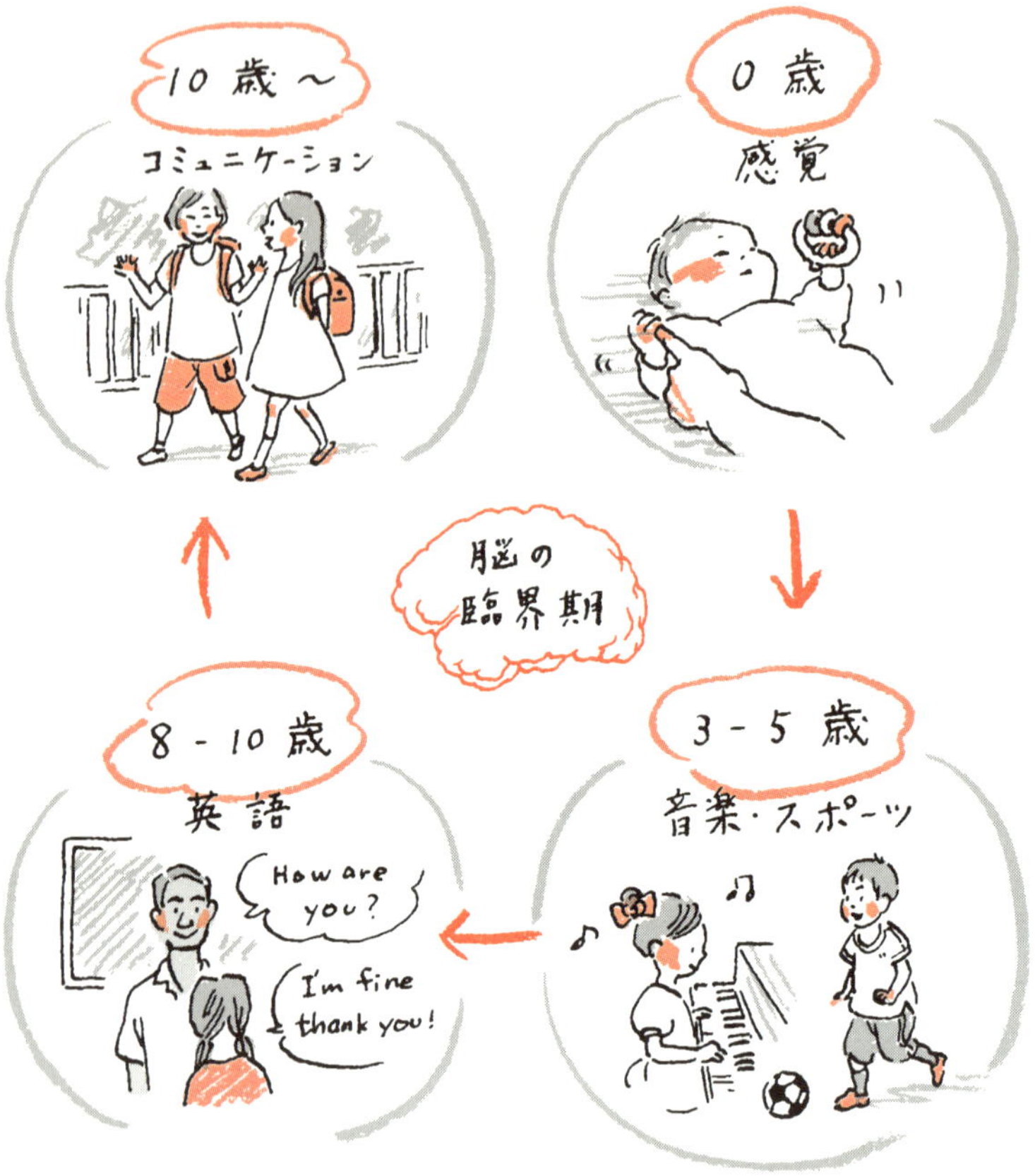

脳には分野によって、その能力を高めるのに適した時期がある

ても、私たちの脳は成長するのです。


でも、どうせなら、ストレスが少なく取り組めたほうがいいですよね。

だから、脳の分野による発達の差、臨界期を知っておくとよいと思います。

また、脳の発達には個人差があります。年齢は目安ですので、お子さんの発達具合に合わせて楽しく取り組んでください。**無理にストレスを与えるようなことは、脳になにもよい影響を与えません。**長い目で見守りましょう。

★0歳～　知識より愛着形成。読み聞かせからはじめよう

脳の発達は、母親のお腹の中にいるころからはじまっています。

最初に発達するのは、感覚系の五感。見る、聞く、触れる、味わう、嗅《か》ぐ、といった感覚から発達します。

生まれてすぐから赤ちゃんには抱っこがとても大切だと言われているのは、五感で愛

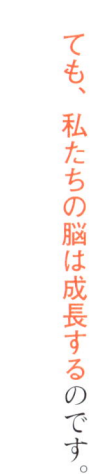

情を感じ、五感により脳が刺激され、急速に発育していくからです。

泣いている子が母親に抱かれて泣きやむのは、触れられて、温かさを感じて、母親の香りに包まれ安心するからです。

この安心感が親への「愛着」となり、子どもが親から離れていくときの礎《いしずえ》となります。「愛着」とは、人や動物の情緒的な絆《きずな》のことです。

1歳までにたくさん触れられ、話しかけられた子は、たくさんの愛情を感じて、愛されているという満足感を得られます。

そんな**「愛着形成」**を礎とし、この世界に周囲の人との絆が生まれることで、脳が健やかに発達していくのです。

そうして**子どもは安心して、外の世界に興味をもって、羽ばたいていくことができる**のです。のびのびと好奇心が育ち、賢い子に育っていくでしょう。

周囲との信頼関係がいつか、親元から自立しなければいけないときの**自己肯定感の基礎**となります。

愛情以上にこの時期の子どもに伝えるべきことはありません。五感をめいっぱい刺激して、愛情を伝えてあげましょう。

「愛着形成」が脳の成長を支える

聴覚を刺激してあげるには、お腹の中でも聞いていた身近な人の声で「〇〇ちゃん、どうしてないているの？」「おなかがすいたのね」「きょうはあったかいね」などと話しかけることです。

けっして返事をしなくても、赤ちゃんは話し手の声のトーンや速さでことばの意味を理解しはじめています。

そして、お腹の中ではじまった聴覚の発達は、しだいに母国語を聞き分ける感覚野《かんかくや》の発達につながっていきます。母国語の習得がはじまるのは、生後半年くらいからです。だから、ことばの吸収がどんどんはじまる時期にたくさんの声がけをしてあげると、ことばによるコミュニケーション能力が育つでしょう。

その際にもう、図鑑の出番なのです！

生後半年ごろから、日常的な声がけとは別に、**図鑑でも絵本でもよいですから「読み聞かせ」をはじめるのがおすすめ**です。ご家族の生の声で、たくさんの語彙《ごい》を赤ちゃんの脳にインプットしてあげましょう。

ただ抱っこし続けるだけなく、**赤ちゃんの成長に合わせて、一緒に並んで座ったり、うつぶせで本を覗《のぞ》き込《こ》んだりして、一緒に図鑑や絵本をぱらぱらとめくってみましょう。**

それが、この時期の赤ちゃんにとってかけがえのない愛着形成の時間になるはずです。

★1歳～　ことばに興味をもたせる

ことばを発する時期に関しては個人差がありますが、それはけっしてことばの理解度に比例するわけではありません。**語彙力と発語は、別の能力**なのです。

一般的には、意味をもったことばをはじめて発するのは1歳前後です。この時期は、**話すことは楽しいこと、意義のあること**だとさえ知れればよいのです。それを実感するだけで国語力がぐんぐんと伸びる時期です。

けっして外国語を発したとか、難しい単語を使ったことが重要ではありません。新しいことばを吸収したということをほめてあげましょう。

また、よく聞く話なのですが、この時期の子どもが本を1冊丸暗記してしまうことがあるそうです。

ことばの意味を理解しないままに、たとえば30ページぐらいの大人向け詩集を暗唱してしまう子どもがいます。それは、**この時期の子どもが記憶力、機械的記憶の能力がとても高い**からなのです。

機械的記憶というのは、ただ繰り返して聞くことで音を覚えてしまうことです。

私たち大人は、なにかを記憶するために意味を考えて論理的に記憶しますよね。しかし子どもというのは、特に3歳ぐらいまでの子どもは超機械的にそのまま音を覚えてしまうのです。おそらく意味はほとんど理解していません。

ただ、ここで重要なのは、ことばはどういうふうに使うのが正しいのか、トライ&エラーを繰り返しながら覚えていくということです。

その**無意識の繰り返しから、子どもはことばの概念を理解します**。そのため、**丸暗記だとしても、頭の中に語彙がたくさん入っていたほうが、ゆくゆくの国語力に生きてくる**のです。

私が息子の成長過程で驚いたのは、話しはじめたばかりで、ことばの意味はまだあまりよく理解していないそうなのに、**似た意味の形容詞なら形容詞、名詞なら名詞と間違えること**です。

たとえば、「みじかい」を「ちいさい」と言ったり、「そら」を「うみ」と言い間違えたりします。

それはつまり、**意味がわかっていない小さなうちから、無意識に言葉の概念を理解している**からですよね。

読み聞かせの利点のひとつは、そういったことばの概念を無意識のうちに頭に入れてあげられることです。そうすれば、ことばに興味を持ちはじめたときに、それがどんな意味か、どう使えばいいのかわかりやすいし、興味を広げやすいはずです。

だからといって、けっして絵本や本をきちんと読み聞かせようと必死にはならないでください。難しい単語や、外国語にこだわる必要もありません。

重要なのは、ことばに興味をもたせることです。

それが家族とコミュニケーションをとれる楽しいツールだと知れれば、この時期の成長は大成功です。

0～1歳からにおすすめの図鑑

五感を刺激したり、読み聞かせがしやすいものがおすすめです。
正確には図鑑ではありませんが、絵本からはじめてみましょう。

〈しかけ絵本タイプ〉

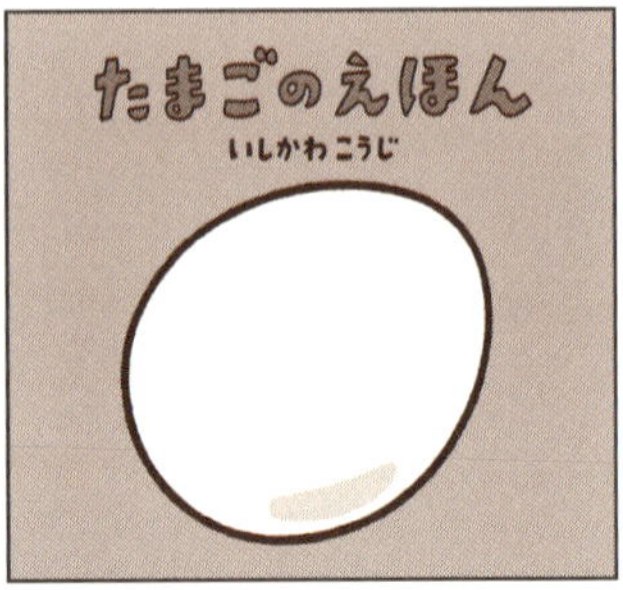

たまごのえほん

童心社

たまごが割れて、鳥だけではなく、いろいろな生きものがあらわれるしかけです。

どうぶつ ぱっかーん！

東京書店

動物たちが、大きな口をあけるしかけです。口の中にもしかけがあるので、興味の幅が広がります。

〈音がでるタイプ〉

なきごえきけちゃう！
どうぶつずかん

ベネッセコーポレーション

絵本をタッチすると、生きものの名前と鳴き声、豆知識を音声で聞くことができ、興味が広がります。

〈実物大タイプ〉

ほんとのおおきさ動物園

学研

「実物大」というしかけです。動物が目の前にいるような感覚が好奇心を刺激します。

〈絵本タイプ〉

とうさんはタツノオトシゴ
エリック・カール作　さのようこ訳
偕成社

エリック・カールの生きもの絵本は、色も美しく、生きものへの興味がそそられます。

はらぺこあおむし
エリック・カール作　もりひさし訳
偕成社

〈名前がいっぱいタイプ〉

増補改訂版 BCキッズ
おなまえ いえるかな？
はじめてのずかん555 英語つき
講談社ビーシー

生きものから乗りもの、食べものまで、さまざまなものが写真と名前で構成されています。名前を覚えたい頃に最適。

コラム

Q 読み聞かせがうまくいきません。子どもがすぐに飽きてしまったり、集中して話を聞かないときは？

私の場合は、本に書いてある文字どおりに読んでいます。子どもがページを飛ばしてめくったとしても、そのまま読み続けています。

幼い子どもは、ストーリーではなくて、ことばを響きで聞いています。そして、あっという間に覚えています。それがすごくいいな、おもしろいなと思うのです。

私は自分が読んでいて楽しいから、図鑑を息子への読み聞かせに使うことも多いのですが、絵だけ眺めて、あの分厚い本を一瞬で閉じてしまうことも多かったですね。細かいキャプションまで読み込む日もあれば、まったく話を聞いてくれない日もありました。

すべて息子の好きなようにさせていましたよ。

だって**好きになればいい**のですから。親と本を覗き込む時間を好きになれば、本も好きになる。親が楽しそうに語りかければ、ことばやその内容にいつかきっと興味をもちだすでしょう。

無理に読み聞かせる必要はないのです。絵ばかり眺めていてもいい。でもそのうちにきっと変わってきます。

あるときふと、「アルゼンチノサウルスは白亜紀最大の恐竜」なんていう記述の「最大」という単語に食いついてくるかもしれません。そのときに、体重は100トンとあれば、「お父さんとどちらが重いかな」「ゾウさん17頭分だって!」「○○くんのおうちの屋根まで届くかな?」というふうに話を広げてあげましょう。

読み聞かせの内容も、興味をもつものもなんだっていいのです。**おもしろいと思わせることが最大の功績**ですよ!

たとえば、うんちの図鑑なんてのもありますよね。うんちが嫌いな子どもはいないと思います。きっと、うんちから世界が広がります。

★2歳～ 好き嫌いを自覚する前に図鑑好きにしよう

1歳半には二語文、2歳をすぎると三語文を話す子が増えてくるでしょう。

まずは、「ママ、おいで」「こうえん、いく」などの二語文で、自分の要求の主張がはじまります。

そして、「〇〇ちゃん、おやつ、たべたい」「パパと、おふろ、はいる」「ほうれんそう、きらい、あげる」といったものが三語文です。主張だけでなく、否定したり命令したりと、自分の意思がはっきりしてきたことがわかります。

これが、イヤイヤ期と表現される時期でしょう。自我が芽生えはじめたサインです。

また、「すき」「きらい」のレッテルを貼る扁桃体が発達するのが、3～4歳です。

これまでに、図鑑を好きにさせておくと、よりスムーズに図鑑好きに育てることができると思います。

おしゃべりをはじめた2歳ごろ、はじめての図鑑を購入するご家庭も多いでしょう。

3～4歳で「すき」「きらい」のレッテルが貼られる

その際、**図鑑シリーズ全巻を一気に揃《そろ》える必要はありません**。まずはなにかひとつのテーマを選んでみてください。ひとつのことを掘り下げる、その掘り下げ方を教えてあげられるのも、図鑑のよいところだからです。

あえて言うならば、**リアルと結びつけやすい「身近なテーマ」のほうがいい**と思います。興味がまだわかりづらい場合には、**いろいろと載っている総合的な1冊を選ぶのもおすすめ**です。その中から、「魚が好きなのね」「ふだん、公園で見ているような虫が好きなのね」などと、傾向が見えてくるはずです。前述の**扁桃体が発達する前に、さまざまなジャンルに触れさせることができるといい**ですね。

はじめての図鑑を子どもは、ただ見る、いや眺めるだけからはじめるでしょう。しばらくすると、お気に入りのページができて、そのうち名前を覚えはじめたらこちらのものです。

「オカピってしましまなのにキリンの仲間なんだね。シマウマの仲間にはなにがいるんだろう？」「へえ！　ワオキツネザルは、こんな格好でひなたぼっこをするんだね。なんでひなたぼっこするんだろう？」と、親が楽しんで誘導してあげましょう。色や形、身近なことに結びつけるのもおすすめです。

簡単に見に行けるのであれば、本物を見に連れていくのもいいでしょう。

この、はじめての図鑑との付き合いが、いちばんご両親のがんばるときだと思います。図鑑はとてもおもしろいもので、**「好き」だと思えるように、親子で楽しみましょう。**

そのうち、関連した図鑑を揃えて、新しい図鑑の見方を一緒に読んで教えてあげる。知りたいことを調べたいときにどうすればよいのか、本を読むのか人に聞くのか、その方法を一緒に考え、教えてあげましょう。

それを何度か繰り返せば、**子どもなりに勝手にトライ&エラーを繰り返しながら新しい知識を身につけていく**はずです。**そのおもしろさも実感してくる**でしょう。

一度、**知識の広げ方のストラテジー（戦略）を身につけてしまえば、あとは子どもひ**

とりで走り出します。

恐竜に興味があった子なら、次は鳥類を極めるかもしれない。小学校に入れば、理科が算数につながる、受験にだって応用できる。趣味でピアノやスキー、ゲームをはじめるときでさえ、その極め方が大切ですよね。大人になったら、はじめての仕事に取りかかるときに役立つでしょう。

調べて、身につけて、応用する。

わからないところがあれば調べる、という癖を小さなころに身につけておけば、一生そのスキルが役立つのです。

図鑑はカタログのように情報が羅列されているように見えるかもしれませんが、とても効率的にまとめられた物語があります。

名前や特徴など一つ一つを覚えるだけではなくて、**横のつながり、ページのまとまりがわかれば、もっとおもしろくなります。**これまでの知識ともつながりますし、新しい興味もわいてくるでしょう。

そうすると、**子どもの興味は1冊の本から無限大に飛び出します。**その世界の広がりを体感すれば、恐竜も歴史も政治も、テーマのくくりはなくなります。その広がりが、絵本にはない図鑑のよいところです。

だから、**はじめての図鑑のテーマはなんでもよい**のです。絵でも写真が多いものでも、**子どもが興味をもてればなんでもよい**のです。意外に最初から難しい内容を与えても興味をもったりするのも、子どものすごいところですよね。

とにかく、**図鑑は楽しい**、と興味をもたせる1冊を探しましょう。

2歳からおすすめの図鑑

好き嫌いを判断する前の大事な時期です。いろいろなジャンルがまとめてあるもの、興味がわきやすい身近なテーマがおすすめです。

〈身近なテーマ〉

う・ん・ち
（福音館の科学シリーズ）
なかの ひろみ文 ふくだ とよふみ 写真
福音館書店

子どもの大好きなうんちの写真絵本です。情報量が多いので、興味を示すところからはじめてください。大人も楽しめます。

ダンゴムシ みつけたよ
皆越ようせい 写真・文 ポプラ社

大迫力の写真とやさしい説明で構成された、写真絵本です。発見や驚きがあふれています。

かぶとむしは どこ?
（かがくのとも傑作集）
松岡 達英作 福音館書店

カブトムシの一生を精巧で美しい絵でたどっていく感動的な絵本。生態もくわしく描かれており、カブトムシ好きにはぜひ。

おすしのずかん（コドモエのえほん）
大森 裕子 作 白泉社

身近なお寿司から、魚に興味をもつきっかけになります。これも立派な図鑑だと思います。

〈いろいろなジャンルがまとめてあるもの〉

はじめてのずかん　みぢかないきもの（講談社の動く図鑑MOVE） 講談社

ダンゴムシやアリ、動物園で出合えるゾウやキリンなどの身近な生きものを中心に構成。読み聞かせがしやすい工夫もされています。親子ではじめて触れる図鑑として適しています。

2歳のえほん百科（えほん百科シリーズ）
講談社

生きものだけでなく、食べものや乗りもの、色や形などがイラストと写真で 表現されています。興味があるものを見つけやすい一冊。同じシリーズに、ほかの年齢もあります。

2さいだもん（ふれあい親子のほん）
学研

年齢別のシリーズです。かわいいイラストで多くが表現されているので、イラストが好きなお子さんにおすすめです。

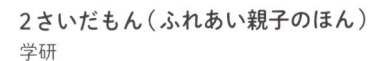

コラム

Q 子どもの興味を見抜くにはどうしたらいいですか？

幼少期は単純に、ご飯を食べながらよく会話に出てくるものがあったりしませんか？もしくは休日に出かけたがる場所でもよいのです。水族館、動物園、その道中の乗り物に乗っている時間がいちばん楽しそうなお子さんもいるでしょう。おもちゃ屋さんに行きたいという場合は、好みのおもちゃから、おままごとなら食べ物がたくさん載っている図鑑はどうだろうと考えてみてください。

私はまだ**1歳ごろの息子に、あいうえおの頭文字と恐竜の絵が並んでいるような、単純な図鑑を買い与えました。**そして、ひらがなで書かれた名前を読み聞かせて1か月ほど経《た》ったころでしょうか、息子がその恐竜の名前全部を覚えてしまったのです。

次に、それぞれの恐竜に説明文の入った図鑑を買い足しました。そちらもはじめは眺めているだけに見えた息子ですが、そのうち急にツノリュウがどうだ、ジュラ紀白亜紀はね、なんて話しはじめたのです。食事をしながら、ジュラ紀にいた恐竜は？　などと私と話していただけで覚えてしまったようです。

そうやって図鑑にハマりだした時期に、動物や昆虫などほかのテーマのものも揃えてみました。しかし、息子はほかのテーマにはまったく興味をもちませんでした。だから、同じ恐竜がテーマでもほかの出版社の図鑑を探し求め、5～6冊並んだころでしょうか。ある日急に、鳥に興味をもちだしました。

なぜかというと、鳥は恐竜から進化したものだと知ったようです。だから、恐竜好きを貫いていた息子には、とても自然な流れだったようです。

そのあとは、恐竜は爬虫類《はちゅうるい》から進化したと知ると、爬虫類や両生類が好きになり、そこから脊椎動物にゆき、今は動物全般が好きになったようです。

息子の興味は、親の私にはある日突然降ってわいてくるように見えます。でも、きちんと理由やきっかけがあって、息子自身の中から新しい興味がでてくるのです。

★3歳〜　たくさんのリアルな体験をさせて世界を広げる

胎児のころから増え続けてきた脳神経細胞数は、生まれたときにピークを迎えます。その後はゆっくりと、せっかく増やした神経細胞が減っていくという、間引き現象が起こります。それは、脳内の情報伝達回路をつくるために、回路網の形成にじゃまなものを消しているからだと考えられます。

つまり、その頃の子どもの脳は入ってきた知識をうまく整頓できていないということ。そして、それ以降はうまく知識を結びつけ、情報を整理していかないと、いらないものとして消されてしまうかもしれないのです!

神経細胞を必要以上に減らさないためには、たとえば図鑑で興味をもった動物に会いに動物園、恐竜の骨を見に博物館に行ってみたりと、知識をリアルな経験につなげてあげるのがよいでしょう。

深く感動したり、驚いたりした出来事は、脳にも深く刻まれやすいものです。

遠くに出かけなくても、近くの公園で、身近な昆虫や植物、鳥に触れるのも、とてもいいことだと思います。

「驚き」「感動」することが重要なのであり、遠くに出かけるということが絶対ということではありません。

まだしっかり歩けない子どもを連れてあちこち出かけるのは大変なものですね。それでも3歳ともなれば、できることもだいぶ増えていますから、たとえば動物好きなら、塗り絵をして動物の色や形を認識させてみたり、ブロックで動物園をつくってみたり、動物のおもちゃを戦わせてみてもいいですね。

最近の図鑑によく付いてくるDVDもいいですね。実際に連れ出さなくても、疑似体験になるでしょう。

子どもがあっと驚く写真や映像から、好奇心が刺激されるでしょう。おもしろいことに、子どもは同じものを何回観ても、飽きることがありません。大人はそう同じ映像を何度も観ていられないですよね。

でも子どもは何十回と観ても、そのたびにきっと新しい発見があり、おもしろいのでしょう。図鑑の内容を別の角度から理解し、脳の中で知識がつながるのもいいですね。

そうしたさまざまな経験が、**この時期の子どもの脳内を整理し、知識をつなげる栄養となる**のです。

脳細胞が、こっちでもない、あっちでもないとネットワークをつくり続けているように、実体験でトライ&エラーを経験することも大切です。

たとえば、昆虫図鑑でクワガタが好きになった男の子がいるとしましょう。図鑑やDVDでオオクワガタへの憧れがふくらんだ彼は、本物を自分で捕まえてみたくなります。

そこでまずは、近くの林にオオクワガタ探しに出かけます。もちろん簡単には見つかりません。帰宅して図鑑をよく読み返してみますが、日本全土に分布するとあり、生息地とされるブナの原生林やクヌギというのはどんな木なのだろうと植物図鑑で調べます。同じ昆虫好きのお友達から、昼より夜のほうが捕まえやすいという情報をもらいます。

そして夏休み、お父さんに協力してもらい、暗くなってから探しに出かけてみます。なかなか見つかりませんが、ある夜、虫博士のおじさんと知り合います。そしてやっと、本物のオオクワガタがいる場所に連れていってもらうのです。

こんな経験が3歳やそこらでできたらすごいですよね！　でも図鑑を好きになってみたら、自然と進む流れなのです！

もちろん、小さなうちに結果をだす必要はありません。

そして、**興味をもったら諦めずに、なんとか答えを見つけるという経験は、勉強や仕**

事のやり遂げる力につながると確信しています。

まずは徹底して好きになること、トライ&エラーを繰り返し、諦めないこと。どうしたら達成できるかと、頭を使うこと。

ゲームをクリアするのとは、スケールが違います。ただ一匹のクワガタムシを捕まえるためだけでも、植物の分布、気候や月の満ち欠けなど多くの知識が必要なのですから！

やり遂げる力は、３歳からでも身につく！

3歳からおすすめの図鑑

まだ早いのではないかな?と思われるかもしれませんが、このころから本格的な図鑑を試してみてください。DVDを観るだけでも、十分です。

〈DVDつき 本格図鑑〉

恐竜 新訂版(講談社の動く図鑑MOVE)
講談社

3歳から推奨されているこのシリーズ。NHKのリアリティあふれる映像は3歳から楽しめ、夢中になれます。迫力のイラストや写真が大きく構成されているので、はじめての本格図鑑におすすめです。

DVD付 昆虫(学研の図鑑LIVE)
学研プラス

付属DVDは、BBC(イギリス放送 協会)の本格ドキュメンタリー使用。スマホやタブレットのコンテンツも付属されているなど、興味をひく工夫がされています。

DVD付 新版 動物
(小学館の図鑑 NEO)
小学館

DVDは、対象年齢ガイドつきで、3歳からでも、好奇心をもちやすい構成となっています。調べ学習など、小学校高学年まで長く使えるのもポイント。

〈ポケット図鑑〉

「リアルに触れる」というキーワードでもうひとつおすすめなのが、このポケット図鑑。外出先ですぐ調べられることができるのと、旅行などにもっていけるのもいいところです。

日本の昆虫1400 ②トンボ・コウチュウ・ハチ（ポケット図鑑）
文一総合出版

児童向けの図鑑ではありませんが、生きた昆虫の静止した姿の写真を多用しているので、野外で見つけた虫と見比べやすくおすすめです。

植物（講談社の動く図鑑MOVEmini）
講談社

花早見チャートがついており、季節、生息地別の紹介なので、子どもでも調べやすく、使いやすい。デジタル図鑑つきでスマホでも見られる。

〈これも図鑑！〉

講談社の動く図鑑 MOVE 恐竜マグネットブック
講談社

恐竜バトルを楽しむのも、図鑑に親しむよいきっかけとなります。

コラム

Q うちの子は図鑑が好きですが、カブトムシのページしか見ません。カブトムシだけ好きになっても仕方がないように思います。

それっていいじゃないですか！

絶対に子どもは成長するし、変化がありますからね。そうやって、なにかひとつのことに興味をもてたことを喜びましょう。

私は子どものころ、チョウにしか興味がなかった時期があります。トンボでさえ、どうでもいいと思っていました。でもチョウをきっかけに、世界中を旅したいと夢を見て、チョウをきっかけに、さまざまなことに興味が広がりました。

カブトムシに興味をもったなら、そのうちきっと本物を見たがりますよ。そのときに、木にはどんな種類があって、日本にはどんな季節があって、いつどこでなら本物のカブトムシに出合えそうか、一緒になって調べてみましょう。そのうち外国に捕まえに行きたいからって、英語を勉強したいと言いはじめるかもしれませんよ。

夢中になることがすばらしいのです。 カブトムシのページを隅から隅まで読んであげて、ほかにもカブトムシに詳しい図鑑をプレゼントできるといいですね。

お父さんも、お母さんも一緒になって、カブトムシにハマってみてください。そして、次々と子どもとともに世界を広げるといいと思います。

★

4歳～「知ってる！」を快感にする

3歳のころにトライ&エラーの経験を積んだ子どもは、子どもながらに小さな成功体験を積み重ねています。その時々で、親はほめてあげることです。ほめる内容は大小関係ありません。**ほめられて自信をつけた子どもは、その後、強いです。**

小さなころにつけた自信が、その後の人生に大きく影響をおよぼします。**自信は、ポジティブな思考を生み出します。「がんばれば、自分はできる」という前向きな姿勢**です。

そういう点から、私は賢い人は、みな、自分は「勉強ができる」と自信がある人だと思います。そのため、勉強のための勉強をしない。自分のために勉強の努力を積むようになるのです。

子どもは素直ですから、ほんのちょっとの経験がその後の人生を大きく左右したりすることがよくありますよね。

さて、図鑑好きの子どもは、4歳ぐらいになると、ひらがなを読める子もでてきて、ちょっとした〇〇博士になっているでしょう。

これはゆくゆく、**小学校の授業で改めて「勉強」として、図鑑の内容がでてきたときの予習にもなっている**のです。

授業になると唐突に、生命の年表、地質の区分などを丸暗記させられたり、星座を見てみようと言われたりします。一度、入学すると、その「勉強」は待ったなしで続いていきます。

突然「カンブリア紀の地球は……」なんて話がはじまっても、多くの子どもにとっては「なんなのそれ。なんか難しいことばだなぁ」という反応でしょう。「ふうん、ぼく(わたし)には関係ないや」と思ってしまっても仕方ありません。

しかし、もし幼いころに恐竜好きで地球や生命の歴史に接したことがある子どもなら、唐突な話ではなく、親しみをもって授業を受けられるでしょう。「恐竜が登場するのはいつかな」なんて、逆にワクワクとしてしまうのではないでしょうか。

子どもにとって、自分がすでにちょっと知っている話なら、きっとそれは「勉強」ではなくなります。そして、みんなが知らないことを自分だけが知っているなら、それだけで**「わたし、この科目がとくい！　すき！」**となるでしょう。

また、**3歳から5歳はなぜなに期の真っただ中なので、「図鑑には、自分が知らないことが載っている！」「すごい！」と思わせる絶好の時期**でもあります。

「なんで？」「どうして？」と聞かれたら、すかさず、一緒に図鑑で調べるようにしましょう。「ちょっと待って」とできれば言わずに、すぐ調べてあげられると、勉強の素地ができるのではないでしょうか。

わからなければ、すぐ図鑑で調べる習慣を、ぜひ身につけてください。文字が読めるようになった子であれば、索引の使い方も教えてあげてください。図鑑で調べることがもっと楽しくなるはずです。

4歳からおすすめの図鑑

定番図鑑に加えなぜなに期の疑問に応えてくれる、Q&Aタイプや、クイズにしやすい比較できるものもおすすめです。テーマがあり、横断的な内容のものは、知識の広がりも味わえます。

〈テーマ図鑑〉

生きもののふしぎ 新訂版
（講談社の動く図鑑MOVE）
講談社

生きものの驚きあふれるビジュアルとコラムで好奇心が刺激されます。テーマごとに設けられたQ&Aで、「もっと知りたい」に応える図鑑です。

新版 くらべる図鑑
（小学館の図鑑NEO+プラス）
小学館

身近なものから生きもの、宇宙まで、最小、最大、最速、などの切り口でとにかくなんでもくらべて紹介する図鑑。子どもの「知ってる」を刺激できます。

ふしぎの図鑑
（小学館の子ども図鑑プレNEO）
小学館

「空はなぜ青い？」などの子どもの素朴な「なぜなに?」をわかりやすく解説。また、知識の広げかたも楽しんで学べます。

★5歳〜 アウトプットをうながす。知識の広がりを親子で楽しむ

知識がどんどんたまってくると、大人でも誰しもがアウトプットしたくなるものです。ちょっと耳にした、うんちく、どこかで披露したくなりますよね。それと同じです。

そこでまた、ご両親の出番です！ うまく聞き役にまわり、子どもが知っていることを自分のことばで引き出してあげてください。

知識のアウトプットを手助けし、知識を整理させてあげましょう。

まずは、ご両親から、お子さんの興味のある分野のクイズをだしてみましょう。

たとえば、

「世界で2番目に高い山はな〜んだ？」

「カンブリア紀にいた捕食動物はなに？ いちばん強いのは誰？」

といった問題です。

親と一緒に喜んだり、悔しがったり、ほめられたり、そういった経験は楽しさとともに記憶します。そして、自信をつけてあげましょう。

そのうち、必ずお子さんからも、はじめはクイズにもならないかもしれませんが、質問が飛んでくるでしょう。

アウトプットすると、さらに記憶は定着しますし、その記憶したことがだんだんと体系立ってきます。

また、親が答えられない問題があると、子どもはとても優越感に浸れます。それがとてもよいですね。自信につながります。

「大人が知らないことを、知っているんだ。もっと、いっぱいいろんなことを覚えよう！」と、楽しさとともに、学ぶことへの意欲が高まります。

とにかく、お子さんのクイズを必死に考えているという姿を見せてあげてください。

時には本格的な単語を使って、真剣に答えてあげるのもいいでしょう。

アウトプットすると、さらに記憶は定着する

「空はなぜ青いの？」なんていう質問に、子どものことばで答えるほうが難しいですよね。

だから、「レイリー散乱といってね……」なんて答えてよいのです。

「太陽光線が地球の大気中に差し込んだときに、空気の分子、目には見えない水蒸気や塵《ちり》にぶつかって散乱して飛んでいく。そのとき、波長の短い青い光がぶつかる確率が高いから、空いっぱいに広がって、空が青く見えるんだよ」

ぐらいのことを話してもよいのです。

「なんかわからないけど、すごいな」と思わせましょう。**親が本気で答えてくれたこと、ちょっと大人扱いされたようで子どもは気分がよい**ものです。そうして、世の中って楽しいと興味をもってもらえたら、大成功です。

時にご両親の「どうだ、まいったか！」ぐらいの本気が、お子さんは嬉しいでしょう。

気をつけたいのは、子どもの「なぜなに？」という質問や、クイズをさらっと流してしまったり、質問を放置してしまったりすることです。**そういう態度を見ると、子ども**

は興味をなくしてしまいます。知らなくてもいいんだと、あっさりと知識の探求を諦めてしまいます。

この時期の課題は、いかに子どもの好奇心を伸ばすか、世の中のおもしろさに気づかせてあげられるか、なのであって、嫌いにさせることだけは避けたいのです。

ここまでの流れを、理想論だと思われるかもしれませんね。

でも、それはできないうまくいかないと諦めてしまえば、そこからなにも進まないでしょう。ご両親のちょっとした努力で、**お子さんの可能性はゼロから無限に**なるのです。

「知ることって楽しい!」とぜひ、お子さんに実感させてあげましょう。

この世界のおもしろさ、それを知ることの楽しさを知れば、あとは子どもの好奇心がひとりでに走り出します。

恐竜に興味があって、そして恐竜にしか興味がないという人は少ないものです。結局、恐竜に興味がある人は生き物の進化にも詳しいですし、国や地球の歴史、天候のことまで詳しいものですよね。

5歳～におすすめの図鑑

人に話したくなるような内容や、知りたいことをもっと深める図鑑はどうでしょうか。興味に合わせて、図鑑サーフィンを楽しんでください。

〈探求型図鑑〉

ずかん さなぎ

技術評論社

鈴木知之著・写真

さなぎだけを集めた図鑑。攻撃をしてくるさなぎ、キラキラ美しいさなぎなど、昆虫好きの探究心を満たすはずです。

〈百科事典タイプ〉

なんでもいっぱい大図鑑 ピクチャーペディア

河出書房新社 スミソニアン協会監修 DK社編

宇宙から歴史まで家族で楽しめる美しい図鑑です。

小学館こども大百科

小学館

興味のあるテーマから関連テーマへと、一冊で生きもの、科学から世界の文化までを 好奇心のおもむくままに、知識を吸収できます。

〈生きもの トリビアタイプ〉

ざんねんないきもの事典

高橋書店

人に話したくなる情報がおもしろく載っているので、「知ってる!」とおもしろいが同時に満たされて、夢中になるきっかけになります。

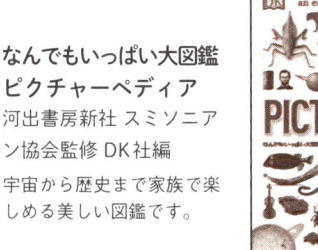

★小学生以降の、もっと図鑑活用術

入学祝いに贈られたり、自由研究のために購入したりして、小学生になってから図鑑が身近になるご家庭もあるでしょう。

小学生になると読める文字が増え、学校には図書館もあります。これまで以上にいろいろな方法で、図鑑を楽しんでみましょう。

お子さんにはぜひ、小学校の図書館に行ってみるようにすすめてみてください。

自分の家にはない図鑑も、たくさん並んでいるはずです。自分が好きなもの、たとえば恐竜なら、**もっていないシリーズの恐竜図鑑を開いてみましょう。**きっと新しい発見があるはずです。生きていた年代や地域ではなく、大きさ、強さ、食べていたものなどいろいろな角度から、改めて知識を深めることができるかもしれません。

さまざまな種類の図鑑を見比べているうちに、自分の図鑑をつくりだしたという友人のお子さんがいます。好きなものだけをピックアップしてみる。イラストや写真を描きうつしたり、コピーをして貼ってみてもいいですね。世界にひとつだけの、**自分が好きな図鑑ができる**のです。**知らぬ間に、夏休みの自由研究の完成**ですね。

ひらがなやカタカナが読めるようになったら、索引を活用してみるのもおすすめです。疑問をもったら、索引から、調べたいことが載っているページを探せるようになりましょう。

そうすると、ネットサーフィンのように、**キーワードからキーワードへ、ページからページへと、どんどん世界が広がっていきます。**

たとえば、

「恐竜はどんな時代に生きていたのか？」→「三畳紀《さんじょうき》・ジュラ紀・白亜紀はどう違うのか？」→「白亜紀はどうして終わったのか？」→「小惑星の激突で恐竜は滅んで哺乳類が滅ばなかったのはなぜか？」→「哺乳類は、どうして恐竜のように大きくならなかったのか？」

など、調べながら疑問をつなげていくことができます。そうすると、ひとつの事柄を重層的に理解できるようになります。

ひとつ調べて終わるのではなく、ひとつ調べたら次の疑問、それを調べたら、また次の疑問へとつなげていくと、雪だるま式に知識は増えていきます。

それを「ネットサーフィンのように」と表現しましたが、ネットサーフィンをしているときは集中しているようでいて、実は興味が散乱していることが多いです。しかし、図鑑サーフィンの場合は、ワンクリックで次の内容に飛べるわけではなく、自分の頭を使って知識を広げていかなければいけないので深く理解できるのです。

そして、小学校に通いだすと、夢中で見ていた図鑑の世界が、理科や社会の授業内容につながっていると気づくはずです。

図鑑で一度、生物学全般に触れておくと、小学校だけでなく中学の理科や社会系の授業内容まで、一度触れたことのある内容になります。実はそれほど難しい内容まで、楽しくまとめられているのが図鑑なのです。幼少期は、きちんと内容まで理解できていなかったとしても、「なんとなく知っている」と親しみをもてたなら、授業内容への抵抗が減るでしょう。

6

もっと図鑑で勉強グセをつける4つのコツ

「そうは言っても、頭のよさって生まれたときに決まってるんじゃないの？」
と思っている方もいるかもしれませんね。

しかし、脳科学研究ではっきりしていることがあります。

脳の形や機能で遺伝の影響を受けるのは5割から7割程度。少なくとも残りの3割から5割程度は、後天的に変えることができます。

しかも、中学生になってもまだまだ成長し続ける高次認知機能をつかさどる前頭《ぜんとう》葉《よう》は、後頭葉《こうとうよう》に比べると遺伝率が低いので、本人の努力や働きかけしだいで、いくらでも変えることができます。

高次認知機能とは、思考や判断、計画、創造、コミュニケーションなどを指します。環境による影響が大きい部分で、遺伝の要素は半分くらいとされます。

その後天的に変えられる半分に、いちばん影響を与えるのが、子どものころからの生活習慣だと考えられています。遺伝子は変えられないけれど、脳は生活習慣によって大きく進化するのです！

では、脳をより賢く進化させる生活習慣とはどんなものでしょうか。

それを、この章では考えていきましょう。

★「勉強しなさい」と言われたことのない子が、いちばん勉強をする

幼少期に親がほんの少しがんばれば、子どもの将来が大きく変わることは、5章までお伝えしました。

一方で、脳科学的に子どもの成長に悪影響になると、はっきりわかっていることもあります。

それは、子どもに向けられる「ネガティブな声がけ」です。

たとえば、

「ゴロゴロばかりしていないで、勉強しなさい！」

「いったい、この点数はなに⁉　このままだと卒業できないよ！」

のような発言です。

このようなネガティブなことばを自分に向けられると、誰もが多少なりともストレスを感じます。**そのストレスによって脳内で海馬が萎縮し、同時にそう言われた思い出は辛い体験として記憶されます。**

海馬というところは脳内で唯一、何歳になっても神経細胞が生まれ続ける領域ですが、その誕生を抑えてしまうように働くのです。

また脳は、側頭葉の下の扁桃体という部分で本能的な好き嫌いを判断しています。

その扁桃体と、記憶をつかさどる海馬という領域は隣同士にあるので、**辛い体験は記憶力にも悪影響を与えると考えられています。**

扁桃体が「すき、きらい」「興味がある、ない」と貼ったレッテルによって、海馬の動きは違ってくるのです。**「すき」「興味がある」とポジティブなレッテルが貼られた情報なら、思考は深まり、しっかり理解して記憶する**のです。

子どものうちの好き嫌いは、本能に近いものです。そして、脳の働きの基盤となるのは、本能です。人間の脳は、本能に逆らうことはなかなかできません。

だから、本能で「勉強は楽しくない、嫌なもの」と感じさせないためには、ネガティブな声がけは避けてほしいのです。

そうは言っても、

「今、勉強をしておけばテスト前日に徹夜しなくてすむのに……」

「勉強するって2階にあがったのに、また漫画を読んでるわ……」

ご家族は、毎日本気でお子さんと向き合っているからこそ、ついつい苦言を呈したく

扁桃体の「すき」「きらい」レッテルで海馬の働きは左右される

なるでしょう。

ほとんどの親御さんが「勉強しなさい」と子どもに言わないにせよ、思っているのが現状だと思います。


そういうときは言い方を変えて、**「ここでがんばれば、こんなことができるようになるよ」と、ポジティブワードで伝えてあげましょう。**

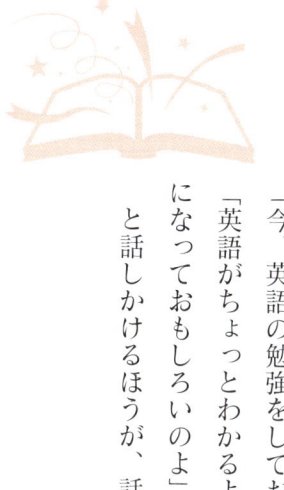

本来の勉強の意味を考えると、

「中間テストに向けて英語の勉強をがんばりなさい」

というのは、おかしいのです。

そうではなくて、

「今、英語の勉強をしておくと、将来世界中どこにでも旅していけるよ」

「英語がちょっとわかるようになるとね、映画の字幕とはまた違った解釈ができるようになっておもしろいのよ」

と話しかけるほうが、話し手の気分もよくなるはずです。

ネガティブな発言をしている自分の脳内にも、ストレスがかかっているのです。

だから、子どもにはポジティブな声がけをするようにしてみませんか。

前述の東大生へのアンケートによると、**東大生の6割は「勉強しなさい」と言われたことがない**といいます。

「勉強しなさい」と言われない、子どもの自主性、主体性を重視した教育。「好きなことに思いっきり没頭できた」のではないでしょうか。それが、34ページの東大生の熱中体験の多さにつながっているのだと思います。

日本の高校生の中で、とくに勉強をしていたであろう東大生が、**「勉強しなさい」と言われたことがほとんどなかった**のです。やはり、あまりその声がけには効果がないことがおわかりいただけるでしょう。

「勉強しなさい」という声がけは、百害あって一利なしなのです。

★よく眠り、朝食をとりましょう

脳の健やかな成長を左右するのではないかと、今、世界中の研究機関で注目されているのが、子どもの「朝食と睡眠」です。

「朝食を毎朝必ず食べる子どもは、朝食を抜いている子どもに比べて、学力が高い」というイギリスのカーディフ大学の研究発表をはじめ、私たち東北大学加齢医学研究所が宮城県等の子どもたち300人に行った調査でも、朝食、特に砂糖を多く使う、菓子パンより、シンプルな食パンやご飯を主食にするような朝食は、脳発達の促進に効果がありました。

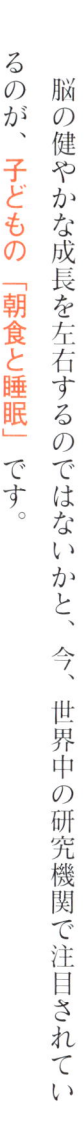

子どもの脳はダイナミックに、日々成長を続けています。

彼らの脳内の神経細胞は、あるところでは新しい回路を作り、あるところでは使わない回路を壊す……、たえず作っては壊すという作業を行っているため、大人の約2倍のエネルギー量を必要とします。

しかし、脳はエネルギーをためておくことが、できません。

そこで、効率のよいエネルギー供給が必要となるのです。次の食事までゆっくりと脳のエネルギー源となるブドウ糖を、血液中に流し込む必要があるのです。

そのためには以下の2点を守っていただきたいのです。

・朝食抜きは絶対に避ける

・菓子パンより白いご飯が中心の朝食

前述の、イギリスのカーディフ大学で行われた調査では、「朝食をきちんととっている子ども」と「朝食をとらない子ども」では、テストで平均点以上の成績をとれた子どもの割合が、前者で2倍以上も高かったという結果がでています。

まず、朝食を抜くことは、脳が必要とするエネルギー供給を午前中の間停止することになりますから、絶対に避けてください。

そして、食べてから一気に血糖値が上がり、一気に減少する、菓子パンに代表されるようなGI値が高い食品も避けたいのです。白いご飯も炭水化物でGI値は高いのですが、白いご飯を食べる場合はお味噌汁《みそしる》や漬物、魚に玉子などのおかずを共に食べることが多いと思います。そこがポイントです！

けっして、菓子パンを明日から一気にご飯に変える必要はありません。

まずは、朝食抜きや菓子パンだけの朝食をやめてみましょう。**菓子パンではなく、食パンとフルーツ、食パンにチーズとトマトをのせてみる。**それだけで、脳の働きはぐっと変わってくるでしょう。

栄養バランスが整った食事をとることで、脳には適切なエネルギー供給がされ、脳の働きが上がり、成長につながるのです。

また、もちろん朝食に限らず、睡眠や運動、遊びなど日々のさまざまな活動が、私たちの脳に影響を与えています。

中でも、**朝食と同様に重要なのが睡眠**です。

睡眠には、疲労した脳や身体を休ませる目的があります。そして、休息させるだけでなく修復、そして**特に幼児期は脳が成長する時間に当てられています。**

良質な睡眠の間に、脳内では神経同士のネットワークを効率的にする作業や、海馬では記憶の整理が進んでいます。また、アルツハイマー型認知症の原因になるアミロイドベータたんぱくなどの有害物質を洗い流し、さらにストレスを取り除くメンテナンスまで行われているのです。

5歳から18歳の子どものMRI画像データを分析すると、1日平均8〜9時間の睡眠をとっている子どもは、5〜6時間しか寝ていない子どもに比べ、記憶をつかさどる「海馬」の体積が明らかに大きい、という結果がでています。

つまり記憶をつかさどる海馬の成長は、確実に睡眠の影響を受けていることがわかりました。

私たちの脳の神経細胞は、基本的には生まれたときが最大数で、その後はただ減り続けると前述しましたが、**海馬だけは例外**なのです。しかしその、新しい神経細胞がどんどん生まれるはずの**海馬の働きは、睡眠不足によって低下してしまう**のです。

では、どのくらい眠ればよいのか。それは個人差がありますし、長く眠れば眠るほど脳が成長するというわけでもありません。

年齢ごとの適切な睡眠時間を目安に、子どもの毎日の睡眠時間が整うように気を配りましょう。

年齢ごとの適切な睡眠時間

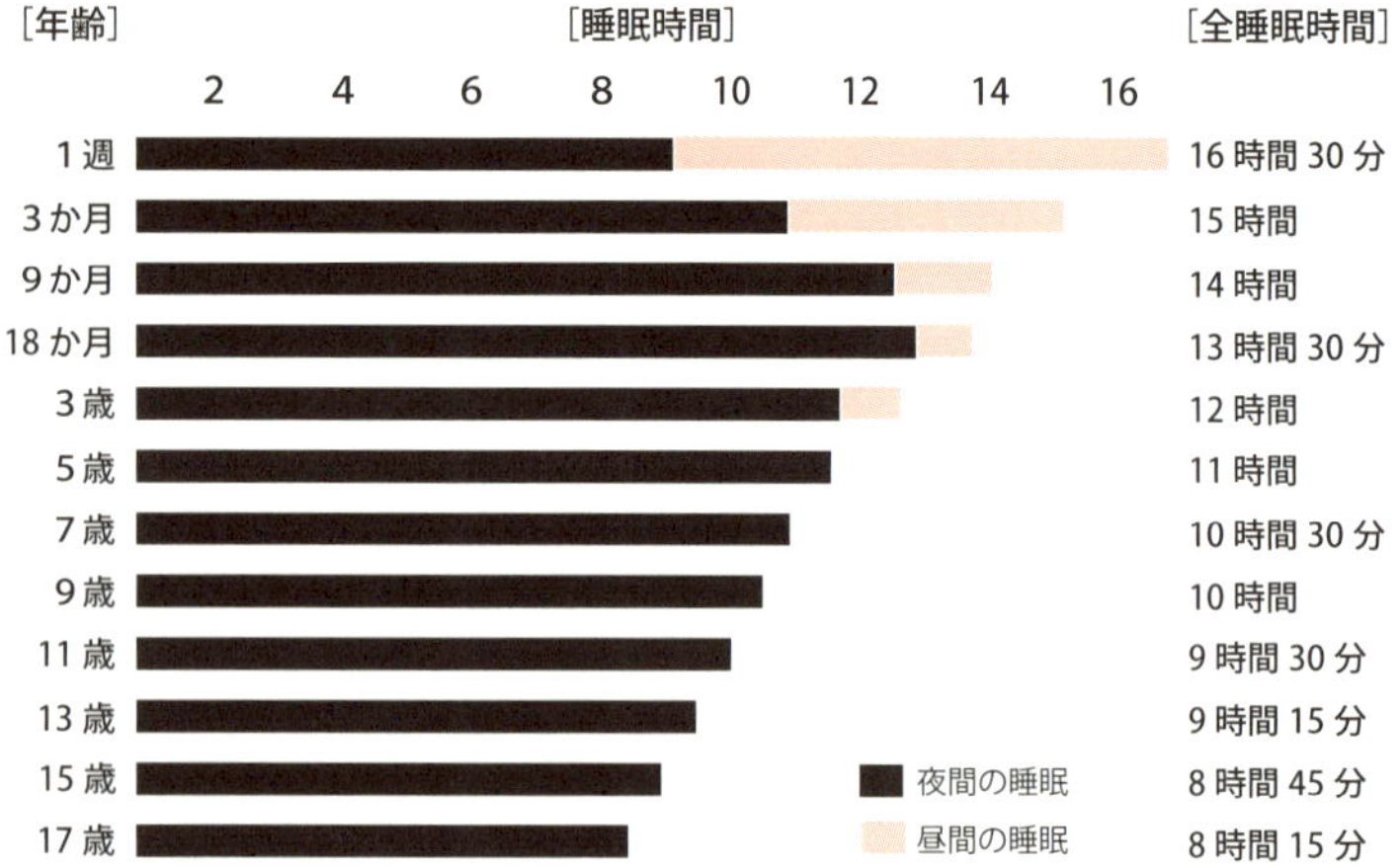

Nelson Textbook of Pediatrics 18th edition から抜粋

★子育てのつまずきに効く魔法のことば

さて、親の働きかけによって好奇心が刺激され、一心不乱に図鑑を読《よ》み漁《あさ》り、学ぶことの楽しさを知った子どもたちにも、やがて思春期が訪れます。

小学校に入学すれば、興味のない分野の勉強だってしなければならない。中学校に進めば、得意分野の知識量で自分を上回る友達に出会って、挫折を味わうかもしれない。虫も恐竜も大好きだけど、それ以上にテレビアニメに夢中になる時期もあるでしょう。

そして必ず、**子どもが親の言うことを聞かなくなる時期**がやってきます。

小学校高学年くらいになると、家庭内の価値観と、学校を含む自分のちょっと広い社会での価値観が違うことに気づきます。広い社会の中での自分の価値観を確立させようとしても、家に帰ると暗黙の価値観が存在している。小さなころは当たり前だと思っていた家庭内の価値観は、ずっと前からある「古いもの」と感じる子どももいるでしょう。生まれたときから、その価値観にずっと疑問を持たず育ってきたわけですから、「押し付けられている」と考える子どももでてくるでしょう。

その葛藤と混乱、そして親への反抗が現れるのが思春期です。

脳科学的には、9歳から10歳ごろに、子どもの脳から大人の脳への変化があると考えられています。そして、思春期には脳だけでなく身体も大人へと変化していくのです。

子ども自身が、とてもしんどい時期なのです。

まずは、いちばん身近な家族に反抗するようになるのが、一般的です。

そんな思春期の子どもを、家族は受け止めてあげましょう。

いくら叱っても、苦言を呈しても、そのことばは自身の中で葛藤をしている子どもの脳内にはなかなか響きません。

そんなときは、ただ、

「将来なにになりたいの?」

の、ひと言だけ声をかけるようにしましょう。

子どもの夢で、逸れかける成長の軌道修正を図るのです。

家庭内と社会、子どもと大人の狭間《はざま》で葛藤し、迷っている彼らの成長を、そっと後押ししてあげましょう。

「こういうことをやったら、夢の職業に就けるのではないか」

「そんな仕事ができるようになるにはね……」

といった、ポジティブな声がけをしてあげましょう。

子どもというのは興味をもったら、ものすごい勢いで突き進む。そのきっかけを、うまくつくってあげることが、身近な家族にはできます。

その夢は、とてつもないものでもいいのです。メジャーリーガーや宇宙飛行士なら、英語が必須ですよね。

本来、子どもたちの無限の可能性のために学校の勉強はあるのだと、ご両親も忘れな

「将来なにになりたいの？」だけでいい

いでください。

勉強は、テストや受験のためではなく、将来、夢をかなえるためにしているのですよね！

子どもの成長に合わせて、親の役割もはっきりと変化していきます。

幼少期はとにかく「好奇心の種をまいてあげる」こと。

そして、子どもの能力が開花していく時期になったら「そっと背中を押してあげること」です。

★親も「楽しんで学ぶ」こと

ぜひ、お子さんが図鑑を眺めているときに、お父さんお母さんも一緒に覗き込んでください。子どもに図鑑を与えて、自分たち大人はテレビを眺めている姿は、残念です。

親も一緒に体験することで、子どもの楽しい気持ちは倍増します。

または、お子さんが本を読んでいる横で、ご家族も読書をしたり、宿題をしている横で、パソコンで仕事をしたりしてもよいでしょう。


その際はけっして、嫌々仕事に向かわないように気をつけてください。

大人がつまらなそうに仕事や家事、勉強に向かう姿を見せておきながら、子どもには学校や習い事を楽しんでほしいというのも、おかしな話です。

だからと言って、嘘《うそ》をつき、無理をして子どもに接するのもよくないですよね。

つまり、**親自身が自分の人生を楽しめるように努力をしなければいけない**のです。


親ができる教育というのは、いい学校に通わせたり、中高校生になって、お金をだして塾に入れることだけではありませんよね。

幼少期に、子どもたちに世の中に対してどう興味をもたせるか。

そして**「学ぶのって楽しい」、一歩踏み込んで「生きるって楽しい」と教えてあげることに尽きると、私は思います。**

子どもは模倣しながら成長しています。特に、幼いうちは身近な家族の影響を強く受けます。

この章のはじめにお話ししたように、親がこうしたらいい、ああしたらいいと指示しても言うことを聞かないものですが、**親が楽しそうにしていることは、子どもも見ていて興味をもつはずです。**

たとえば親が子育てをしながらも、**隙間時間に家で勉強をしていたとしたら、子どもも家で勉強するのが当たり前と考える**でしょう。

親が最初のアピタイザー、**「学ぶ＝楽しい！」人生の手本**になってください。

学び続けるためには、つねにアンテナも張り続けなければいけません。

子どもをもったことで私たちは、新しい分野に触れる機会を得ました。子どものために、食材や料理の勉強をはじめた方もいるでしょう。子どもの遊び場をいろいろと調べ、週末は一緒に身体を動かす機会が増えた方も多いと思います。交友関係も広がりますね。

これは私が出版社の方に聞いた話で、前述したように男の子を中心に人気のテレビのスーパー戦隊シリーズは1年ごとにテーマが変わりますが、宇宙がテーマだった昨年は、放映直後から宇宙の図鑑が売れはじめたそうです。

動物や新幹線など、スーパー戦隊シリーズのテーマは毎年変わります。そして、そのテーマはどれも、子ども向け図鑑と重なるそうです。どちらも、子ども向けエンターテインメントなのですから納得がいきますね。

私が感心したのは、そうやって日々のささいなわが子の興味から、知識や世界が広がるようにそっと力を貸している親御さんがたくさんいることです。

今、子どもはなにに興味があるのか、それはどんなふうに発展させてあげればよいのかをつねに考えてあげること。そこにも親の勉強と努力が必要なのです。

コラム

Q 親が図鑑で調べてもわからないことは、スマホを使ってもよいですか？

もちろん、いいと思います。

ただ、**子どもの前でいつも、なにかというとスマホを開くのではなく、「物事を知るツールのひとつ」として使ってみせる**のがよいのではないでしょうか。図鑑や事典を開いたり、先生に質問したりする方法もありますよね。

これからの時代は、必ずＩＴに触れて活用していかないと生きていけない社会です。そしてスマホはすでに、生活に欠かせないツールとなっています。

けっして、手放しにスマホを推奨するわけではありませんが、今の時代の子どもは、スマホ、インターネット、ＳＮＳを避けて育つことのほうが難しいのではないでしょうか。まさに第４次産業革命の最中《さなか》にいるわけですから、むしろＩＴに積極的に触れるべきかもしれません。

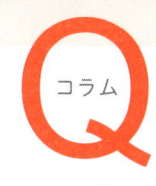

ではなぜ、時にスマホが教育に悪いと言われるのか。

脳科学的には、**機会損失が怖い**からです。**ゲームが悪く言われるのと同じ理由**です。

スマホでのおしゃべりに夢中になって、大好きなサッカーの練習に遅れてしまう。

ネットサーフィンをしているうちに、本来なら就寝する時間を過ぎてしまう。

身近な友達や家族との**生のコミュニケーションの時間がなくなってしまう**。

これは重大な問題です。

いくらスマホを通して四六時中、友達とつながっていたとしても、人の目や声色を含めてコミュニケーションをしていないと、**共感性が伸びない可能性が指摘されています。向かい合って、五感を使ってコミュニケーションをとらないと、相手の気持ちを汲《く》み取《と》る能力が劣ってしまう**のです。

また、インターネットはアテンションが豊富で、リンクをクリック、リンクをクリックと次々に話が流れていきやすいので、**ひとつのことを集中して続ける能力も劣る**と言われています。スマホを長々とさわっていても結局、なにもわからない、覚えていないまま時

スマホは、物事を知る〝ツール〟のひとつ

間が過ぎているという経験が、あなたにもありませんか?

そんな注意すべき点を理解したうえで、まずは親がスマホと上手に付き合っていければよいですね。そして、ご家庭内で、お子さんのスマホの使用についてルールが決められるとよいでしょう。


私の場合は、海外旅行で何時間も飛行機に乗るときのために、スマホに電子版の図鑑を入れて、子どもに見せています。

また、小さな疑問でも大人が放置をしない、きちんと調べる姿を見せることのほうが大切だと思うので、息子の前でスマホを使って答えを探すこともあります。どうしても手が離せず、息子の質問に答える時間がないときは、「明日まで待って」と伝えて、必ず翌日、答えるようにしています。

コラム

Q 四六時中、息子が没頭するゲームをやめさせるには？

それは、ゲームよりおもしろいことが見つからない限り、やめないでしょうね。

特に男の子は、ゲームの話題が友達との会話の中心という時期もあるでしょう。だから安易に禁止するわけにもいきません。

スポーツ、漫画、動画サイト、鉄道、昆虫……など、男の子がハマりやすいものはいろいろとある中で、なぜ特にゲームには親世代は目くじらをたててしまうのでしょう。

それは、**ゲームからは世界が広がりにくいから**だと私は考えています。ゲームにハマると、次のゲームがやりたくなる。ゲームをやればやるほど、画面を見つめ続け、周りが見えなくなる。それが怖いのです。

たとえば、スポーツに熱中すれば、技術面だけでなく、壁を乗り越える力や、仲間や指導者とのコミュニケーション能力も磨かれるでしょう。好きな鉄道や昆虫を追い求めれば、おのずと行動範囲が広がります。漫画や動画サイトは、ゲームよりも題材が多岐にわたる分、興味がほかに広がりやすいと思います。

一時的になにかにハマっても、世の中にはおもしろいことがたくさんあると知っていて、豊かな人生を送ってくれるのなら親は安心できるのです。

ゲームは所詮、人がつくりだしたもの。**おもしろさは有限**です。ところが世の中には、特に自然界には、**無限のおもしろさが潜んでいます。**

瞬間的な楽しみが中心のゲームだけでなく、広い世界へ知識が広がってゆく、そんな無限の楽しさを知ってほしいのです。

逆に言えば、ゲームにハマる前に、幼少期にほかのハマり経験をしていれば、ゲームの世界からも早めに抜け出しやすいでしょう。

実は私も、10歳ごろにゲームにハマった時期がありました。それこそ一日中テレビに向かっていたこともあります。だから、男の子たちがゲームに夢中になる気持ちが、よくわかります。

しかし、そのブームは長くは続きませんでした。**親に「やめろ」と言われたからではありません。**むしろ、私の両親は一日中テレビに向かう私を見ながらなにも言わなかったようなのですが、あるときふと、「このままゲームを続けてもしょうがないな」と自分で気づいたのです。**なぜ、こんなに時間をゲームに割いているのか。**ずっとゲームをしていてよいのだろうか。そう気づいてからは、あっさりとゲームを卒業してしまいました。

ゲーム以外にも、私の場合は昆虫への興味でしたが、この世の中にはほかにもおもしろいことがあることを思い出したのです。

世の中を知ることは、とてもおもしろいです。

私はそれをすでに知っていたので、ゲームのような特定のきわめて狭い世界にこもっていられなくなりました。ゲームに夢中になったあの時期も、私のひとつの熱中体験として、いろいろと気づかせてくれました。

もし今、まさにお子さんがゲームにハマっている場合は、**とにかく外に連れ出すしかないでしょうね。抵抗するでしょうし、必ずゲームを持参するでしょう。それでも諦めず、**

何度も誘って、連れ出すのです。

口うるさく言っても抵抗するだけでしょうから、あとは現実社会で家族が楽しそうにしている姿を見せる。外の世界を、お子さんにどんどん見せてあげてください。

もっと、おもしろい世界がある！

いつかきっと、なにかゲーム以外の世界にも興味をもてるときが訪れるでしょう。そうすれば、ゲームばかりの毎日から抜け出せます。

7

図鑑は夢を叶えるための
ツールです

米メジャーリーグで前人未到の二刀流による活躍を見せる、大谷翔平《おおたにしょうへい》選手の座右の銘をご存じですか。

高校時代、花巻東《はなまきひがし》高校の監督から教えられたことば。

「先入観は可能を不可能にする」

そうなのです。

ここまで読んでいただいて「でもやっぱりできない」と思ってしまったら、そこから進展はありません。

幼児期の柔らかい、日々急速に成長している脳は、まだ先入観などもっていません。子どもの脳は、そして、あなたの脳も、いつでも変化する可能性を秘めているのです。

★受験はただの通過点。中高生に忘れないでほしいこと

私は今でも、時折図鑑を開きます。それはなぜかと言うと、もちろん、おもしろいからです。私の書棚には、子ども向けの図鑑から、少し専門的なもの、洋書や図表が多いものなどいろいろと揃っています。

「図鑑を眺める？　そんな時間はとんでもないけど、ない」

そんなふうに皆さん思われるでしょう。中高生でさえ、そう言うかもしれません。学校に部活、塾、友人との付き合い、その付き合いのために遊びに行ったり、テレビを観たり、ＳＮＳもチェックしたい。とにかくみんな忙しくて、日々時間に追われ、寝る間も惜しいくらいではないでしょうか。

そんな日々の過ごし方が、普通なのです。さらに脳科学的にも、思春期の脳は子どもの脳から大人の脳への変換期で、不安定です。

184ページで、反抗期の子どもには「将来の夢」だけは聞いてあげましょうと書きましたが、なかなか親子の会話をゆっくりもつ機会さえつくれないのが、現実かもしれませんね。

幼いころ、僕は世界一のサッカー選手になりたい、私はケーキ屋さんとモデルになりたいと目をキラキラさせておしゃべりをしていた無邪気な声は、だんだんと聞かれなくなります。その理由は、親への反抗だけではありません。

本人のなかでも、成長して知識を身につけるにつれて、現実が見えてくるのでしょう。世界一の○○は、世界でたった一人しかなれないこと。プロサッカー選手には、クラスの、学校の、都道府県の代表になったうえで、その中のひと握りしかなれないこと。ケーキ屋さんとモデル、2つの職業のプロになる難しさ。夢をもち続けられたとしても、そのうちに彼らの頭の中は目の前の日々の課題でいっぱいになっていきます。

サッカー選手になりたい子は、サッカー強豪校へ進学したいから受験勉強に励んで、来週のテスト、今週の暗記課題に奮闘する。

モデルになりたい子は、上京するために、バイトをして貯金を達成することがいちばんの目標になる。

中高生はみんな、期末試験や塾の進級テスト、週末の発表会、明日のバイトの面接、今ハマっているゲームの攻略法、明日のデートはなにを着ようか、ＳＮＳの返信……。それぞれが夢中になっている事柄で頭の中はいっぱい、とても忙しいのです。

それが青春です。

それでよいのです。

ただ、そんな時期に、**それでもなお、夢をもち続けることが大切だと私は思います。**

現実が見えてきた中学生や高校生だからこそ、**もっと明確な夢を描いてほしい。**

夢の一歩先、どのような人生を送りたいか。

そのビジョンが描けるように、お父さんお母さん、おじいさんおばあさんには手助けをしてあげてほしいのです。

この本の中で繰り返している内容になりますが、お子さんがよりよい進路を歩むために親がするべきことは、「テストで100点をとりなさい」や「医者になりなさい」とけしかけることではありません。

テストの、受験の、その先を意識させ続けることです。

子どもが夢を描いたら次は、たとえば**「医者になりたい」と願わせるのではなくて、「医者になってどういうことをしたいか」と、より具体的に考えさせることが重要なのです。**

私の同業の医者仲間で活躍している人はみな、そんな具体的なビジョンを学生時代から描いてきている人ばかりです。信念があるからブレずに、思いどおりにいかないことがあっても、諦めず乗り越えて、前に進む力をもっている人ばかりです。

「将来なにになりたいか」だけではなく、「なにになってどんな人生を送りたいか」という具体的なビジョンまでを明確に描けるようになると、進路が大きく道を逸れることはないのではないでしょうか。

忙しい中高生でも、それを意識できるように、ご家庭で尽力しましょう。私たち大人は、子どもたちより長く人生経験を積んでいるのですから。

進路選択の先、楽しそうな高校生活、大学生活、上京、留学した後はどんな人生が送れるだろうかと、話し合いましょう。目前のテストも重要だけど、人生にはテストにはでない、幅広い知識が重要ということを教えてあげる。

試験も、学校への入学も卒業も、全部人生の通過点。それを知っておかないと、もし夢の職業に就けたとしても、そこから伸びることはないでしょう。

夢をかなえる唯一の方法は、夢についてとことん考え抜くことです。

ビジネスの世界で成功している人に大勢お会いするようになって、私は気づきました。**成功している人はみんな、よく考えている人たちです。誰よりも、考えて考えて考えて、考え抜いてやっと、どうすれば夢にたどりつけるのかがわかる**のです。

人はみな、賢い脳をもっています。

子どもの脳も賢さは無限大。**子どものころから、考えて考えて考え抜く習慣をつける**といいでしょう。

その際、幼少期に図鑑にはじまり、夢中になって身につけたさまざまな知識と想像力が役に立つのです。

勉強嫌いな子よりも、教育が難しいのは、夢が描けない子です。将来なんてどうなってもよいと自暴自棄になっている子です。そういう子にはまずは、世の中おもしろいと思わせることからはじめましょう。**世の中はおもしろくて、自分の努力次第でもっとおもしろい場所に行けるということがわかれば、さまざまなことに食らいついてくるでしょう。**

誰もが、幸せになりたいと思っているのです。

子どもの今は、幸せな未来への通過点です。

★勉強は楽しいと思えたら勝ち!

「勉強をすればするほど、自分の夢に一歩近づく」

それは間違いないです。どんな夢であっても、例外はありません。

2章で導き出した、幸せな人生を送る秘訣は「学ぶ=楽しい!」脳になることでした。

年長者から知恵を得たり、本を読んで調べたり、知識を広げる勉強という行為は、人の人生をより豊かに彩る行為です。

だからけっして、勉強はやらされて仕方なくやるものではありません。勉強が嫌になるのは、社会的要因によるものです。テストが嫌だとか、課題を強制されたり、成績を比べられて落ち込んで、だんだんと勉強が嫌になっていくのです。

繰り返しになりますが、勉強はいい学校に進学するためにするものではありません。

まず、学校で問題集と同じ問題ばかりがテストに出題されればよいですが、時には教科書に載っていないけど先生が雑談をした内容や、その応用問題が問われることもあるでしょう。問題集の丸暗記で期末テストは突破できても、高校や大学受験はどうでしょうか。

偏差値の高い大学に進学できたとして、次はいよいよ社会にでなければいけません。就職活動では、数学の方程式や日本史の年号などの知識が問われたとしても、試験問題全体の10％にもならないのではないでしょうか。

興味や関心なくして丸暗記することにも限界があります。**どんなに勉強しても、何冊もの参考書の知識を頭に入れても、社会にでると、はじめて出合う問題が尽きません。**

学校で習う「勉強」以外にも、学ぶことを楽しいと思っていないと、社会人として生きていけないのです。

そして**「学ぶ＝楽しい！」脳に欠かせない好奇心は、今、就職活動でいちばん重視されるコミュニケーション能力にもつながります。**

コミュニケーションに欠かせないのは、その人への興味や会話への関心度です。人付き合いを楽しめば、自分の知識も増えます。知識が豊富だと会話の引き出しが多いのですから、ますますいろいろな場でいろいろな人とコミュニケーションがとりやすくなります。

コミュニケーション能力が高い人は、敵が少ないです。嫌いな人も少ないと言います。

気の合わない人や、嫌な人に会ったときも、**なぜ自分と意見が合わないのか、どうし**

てそんなことをするのだろうかと、好奇心から関わりを避けません。そんなポジティブな思考力も、好奇心のなせる業です。


成績よりも、一生学び続けること。

勉強は楽しいと思えたら、人生は大成功なのです。

★幼少期の過ごし方が一生を左右する

私は加齢医学研究所で長年、認知症の研究をしてきました。

脳のＭＲＩ画像のデータベースから、脳の発達過程や加齢のメカニズムを研究し、認知症にならないためにはどうしたらいいかを考えています。

アルツハイマー型認知症の研究では、高学歴な人ほど発症しにくいと言われています。

なぜなら、子どものころからたくさん勉強していると、より多くの回路が脳に張り巡らされていて、加齢とともにそれが減っていったとしても、残る回路が多いからです。

発達と老化は、脳科学的に見ても表裏一体です。**最初に発達した脳の分野は最後まで保たれますが、思春期ごろに完成する前頭《ぜんとう》前野《ぜんや》はすぐに加齢で衰退をはじめます。**脳の萎縮を抑えるためには、まず子どものころによく脳を発達させておかなければいけません。

脳の発達に有効なのは、もちろん勉強だけではありませんでしたね。趣味や好奇心が少ないと認知症リスクが高いということも、研究結果ででています。

勉強を嫌々やっても、脳のためにもなりません。趣味は極める必要はありません。ノルマのように多くのことにチャレンジする必要もありません。

要は楽しいとワクワクすることをたくさん経験して、脳を刺激することが重要なのです。

そのような、**主観的幸福度がいろいろな疾患のリスクを下げて、寿命を延ばす**と最近言われています。

ストレスレベルが上がると動脈硬化が起き、血圧を上げたり糖尿病になってしまいます。**楽しいことに取り組んで、自分のストレスレベルを下げると、さまざまな病気のリスクを避けて健康寿命が延びる**のです。

そんなさまざまな研究から、認知症の予防に明らかに有効だと実証されたことは、次の3つです。

1　運動
2　コミュニケーション、人との関わり
3　趣味や好奇心

これらに積極的に取り組むことで、何歳になっても脳は変化します。

一見身近な日常の取り組みに思えるものばかりですが、実際、急に老年期になって取り組むのはなかなか難しいようです。たとえば、運動の経験がなければ、なにからはじめたらよいのかもわかりません。急に人と積極的に関わろうとしても、相手がいなければ、そう簡単にははじめられません。

仕事を引退して時間ができたから、趣味をもとうと思ってもうまく続かないというのはよく聞く話です。

実は人生は、無意識の10歳ごろまでの過ごし方で、だいぶ決まっているのです。はじめの10年間でいろいろな経験を積めば、それだけ人生の選択肢も増えるでしょう。趣味ができるかもしれませんし、目標や夢にも出合えるかもしれない。

時間のある幼少期にしていた習い事を、勉強が忙しくなってやめたり、働き出して忘れていてもまた、老年期になって再開するのは、はじめての挑戦よりもずっと簡単なのです。

結論として私は、**老年期の脳の健康を左右するのは、幼少期からの習慣、生き方**だと思うのです。

★図鑑が家族みんなの脳トレにつながる

親にすれば、自分の育て方次第で、子どもの学歴や健康だけでなく、その子の人生全体の豊かさまで決めてしまう。その責任がのしかかってくるのは、とても怖いですね。

しかし、私たちは子どもを授かりました。

老年期まで影響を与えてしまう責任感だけでなく、赤ん坊から子どもを育ててあげるのはとても大変なことです。小さなころは手がかかるし、大きくなってくると心配が絶えない、たまにはとても頭にくることを言われたりさえします。

それでもやはり、わが子というのは、本当にかわいいものです。親にとって、わが子から与えられる幸せは、ほかの何物にも代えがたいですよね。

脳科学的にも、子どもがいる幸せは実証されています。

子育てに奮闘することによって、ぐんぐんと成長するのは、お子さんの脳だけではありません。**よい子育ては、親の脳も成長させ、その人生の充実へとつながり、将来の認知症リスクを下げる**のです。

大人も、好奇心をもつと認知症リスクが下がります。熱中体験をすると、脳萎縮が抑えられるというデータもあります。認知症が進行する速度がゆるやかになるのです。何歳になっても働きかけ方次第で、脳は賢く発達すると、前述したとおりです。

子どもを育てていると、大人にとってもはじめて触れる物事や、出かける機会が増えます。子どもが興味をもったものを調べたり、勉強する方もいるでしょう。子どものために料理やスポーツや、またはカメラ撮影などを学び直す人もいます。子どもを通して、友人ができたり、家族ぐるみの付き合いがはじまることも多いです。

もちろん、私がおすすめする『図鑑』を、親になって久しぶりに開いたという方も多いでしょう。

特に、**おじいさん、おばあさんは、お孫さんへのプレゼントに図鑑がおすすめ**です。図鑑は子どもが興味をもつ、普遍的なテーマを取り扱っています。対象年齢も記されているので選びやすいでしょう。

そしてぜひ、**プレゼントするだけではなくて、お孫さんと一緒に読んでみてください。**会う機会が少ないのならば、電話ごしに図鑑の内容を聞いてあげてください。図鑑の内容なら、おじいさん、おばあさん世代でもわかりやすい、共通の話題が見つかるでしょう。

たとえば、

「ひっくり返すと、跳びあがる昆虫を知っているかい？」

「中国でおもしろい恐竜の化石が見つかったんだってね」

なんていう話題は、いかがでしょうか。図鑑好きの子どものほうが詳しいかもしれませんね。

「孫と図鑑」で、家族みんなで幸せに！

それが、おじいさん、おばあさんの認知症リスクの低下にもつながるので、おすすめです。

身近な大人と一緒に学んで、喜んだり、悔しがったり、そういった経験から、子どもの興味は深まっていきます。そして、子どもに自信をつけてあげましょう。

親も負けじと、図鑑に夢中になる姿勢を見せます。負けずについていくぞ、というスタンスで接したら、子どもはますます優越感に浸り、上昇志向が強くなります。**子どもはおだてれば、簡単に木に登っていきますよね。**

たとえ、子どもの言うことが間違っていたとしても、最後まで話を聞いているとおもしろいです。

ファンタジーだとしても、それはおもしろいねって素直な感想を伝えれば、子どもはとても喜びます。子どもの考えがすべて正解である必要はないのです。子どもですから！

子どもの知力の伸び方はさまざまです。知識を正す必要はないと思っています。子どもを認めて伸ばすこと、それによって、子どもが勉強は楽しいと思えること、いろいろなことに興味をもってくれることが、本当に大切なことなのです。

★あとがき

医学界では「幸せな人は長生きするというのは本当か」という議論があります。

「幸せな人は長生きする」という調査結果は、2011年にイリノイ大学の心理学者から発表されましたが、それ以前からよく言われてきたことです。自分は幸せだと日々感じると、ストレスホルモンレベルが低く、副交感神経が優位になる。それによって、免疫や代謝も活性化するので、寿命を延ばすことにつながる、という説です。

しかしその後、「不健康は不幸の原因となる可能性はあるが、幸福度は直接的に死亡率には影響しない」「幸せと感じている人と、不幸と感じている人との間に死亡率の差はない」という研究成果も、発表されています。

みなさんは感覚的にどちらだと思われますか。

どちらにせよ、親ならば誰しもが、わが子が幸せに長生きすることを願いますよね。

私の最近の研究テーマは、「ストレス」です。

東北大学加齢医学研究所および東北メディカル・メガバンク機構でＭＲＩ画像を解析しながら、**「ストレスレベルを下げるためにはどうしたらいいのか」**を考えています。

そして、その答えは**「好きなことに没頭する」マインドフルネス状態にあるのではないか**と研究しています。

私にとっての好きなことは、いくつかありますが、たとえばチョウです。

そして、いくつかある好きなことは、幼いころ『図鑑』を眺めていたときに出合ったものばかりです。私にとって『図鑑』は、人生の基盤なのです。自己実現を目指す、人生の好奇心のきっかけをつくってくれたものなのです。

それほどまでにすばらしいと思っている『図鑑』ですが、ただの分厚い本だとかカタログのように考えておられる方も多いと聞き、「それは違う！」と、この本を執筆するに至りました。

また、けっして図鑑は子どもだけに向けられたものではありません。

本書をきっかけにして、お子さんだけでなく、お父さんお母さん、おじいさんおばあさんまでもが、好奇心をもって、よりいっそう人生を楽しんでいけるように願っています。

装幀・本文デザイン　長坂 勇司（nagasaka design）
構　　成　小和野 薫子
イラスト　みつ ふみこ
編集協力　秋山 詩羽
本文データ制作　講談社デジタル製作

16万人《まんにん》の脳画像《のうがぞう》を見《み》てきた脳医学者《のういがくしゃ》が教《おし》える究極《きゅうきょく》の子育《こそだ》て

『賢《かしこ》い子《こ》』は図鑑《ずかん》で育《そだ》てる

2018年 9月 6日　第1刷発行
2022年12月14日　第2刷発行

著　者　瀧《たき》　靖之《やすゆき》

発行者　鈴木章一
発行所　株式会社講談社
〒112-8001 東京都文京区音羽2-12-21
電話 編集03-5395-3542
販売03-5395-3625
業務03-5395-3615

KODANSHA

印刷所　共同印刷株式会社
製本所　大口製本印刷株式会社

ISBN978-4-06-512435-2 N.D.C.599 223p 19cm

本書は書き下ろしです。